一听说那岛上有猫，我就出发了

日本猫岛旅行笔记

吴佳芳 著

金城出版社
GOLD WALL PRESS
中国·北京

图书在版编目（CIP）数据

一听说那岛上有猫，我就出发了：日本猫岛旅行笔记 / 吴佳芳著 .
—北京：金城出版社有限公司，2020.7
ISBN 978-7-5155-1951-7

Ⅰ . ①一… Ⅱ . ①吴… Ⅲ . ①旅游指南 - 日本 Ⅳ . ① K931.39

中国版本图书馆 CIP 数据核字（2019）第 278779 号

一听说那岛上有猫，我就出发了：日本猫岛旅行笔记

作　　者　吴佳芳
策划编辑　许　姗
责任编辑　李轶武
责任校对　岳　伟
责任印制　李仕杰
开　　本　880 毫米 ×1230 毫米 1/32
印　　张　8.5
字　　数　100 千字
版　　次　2020 年 7 月第 1 版
印　　次　2020 年 7 月第 1 次印刷
印　　刷　小森印刷（北京）有限公司
书　　号　ISBN 978-7-5155-1951-7
定　　价　59.80 元

出版发行　**金城出版社**有限公司　北京市朝阳区利泽东二路 3 号　邮编：100102
发 行 部　（010）84254364
编 辑 部　（010）64391966
总 编 室　（010）64228516
网　　址　http://www.jccb.com.cn
电子邮箱　jinchengchuban@163.com
法律顾问　北京市安理律师事务所 18911105819

目录

拍摄猫咪的技巧 2

猫岛旅行注意事项 6

01 东京出发，猫岛日归小旅行 江之岛 11

02 狗狗禁止上岛！国际知名的日本猫岛 田代岛 29

03 拥有绝美沙滩的宁静猫岛 网地岛 45

彩蛋 01 脸上总带着微笑的可爱狐狸们 藏王狐狸村 55

04 邻近京都、湖面上的猫岛 冲岛 59

05 热门打卡点的艺术之岛 佐久岛 73

彩蛋 02 觉得猫岛太远的话，就来这里吧！ 京都猫景点 86

06 跟着猫咪走在电影场景中 真锅岛 91

07 在艺术之间与猫相遇 丰岛 107

08 艺术山城中的猫 男木岛 121

09 飞天猫和它们的诞生地 佐柳岛 133

10 海上小富士下的猫咪 似岛 145

彩蛋 03 野生兔子栖息的海上乐园 大久野岛 155

11 足以用“壮观”形容的超级猫岛 青岛 159

12 橘子与橘猫之岛 睦月岛 171

13 名列世界五大猫景点之一的小岛 相岛 181

14 骑脚踏车去逛猫岛 志贺岛 197

15 临近博多市区的悠闲离岛 玄界岛 213

16 与亲切的岛猫相遇 蓝岛 225

17 中途下船，独享私房猫岛 马岛 235

18 气氛友善、猫比人多的观光猫岛 汤岛 245

前往猫岛

邻近各猫岛的机场 / 可搭配使用的铁路周游券 258

六天五夜行程建议 264

- 本书资讯皆于 2019 年 2 月完成查证，旅行资讯时有更新，请以实际情况为准。
- 书中照片全部使用 iPhone 手机摄影。

在日本，猫多的离岛，称为猫岛。

有些猫岛并没有任何景点、

甚至找不到餐厅或自动贩卖机，

只有宁静的大海风景、闲散的渔港，

以及穿梭其间、自在活着的猫咪。

搭上小小渡船，

前往漂浮在海上的猫之岛。

在人烟稀少的小岛上肆意迷路，

欣赏湛蓝海景，

然后在猫咪温柔的呼噜声中，

忘却时间，被猫治愈。

拍摄猫咪的技巧

曾三度夺下国际摄影比赛奖项的手机摄影师 Erica，常为旅途中遇到的猫咪拍下自然又充满趣味感的画面。她是如何拍出这些精彩的照片呢？

除了撸猫，为猫拍出可爱的照片，相信也是许多人的心愿之一。

在 Erica 拍摄的照片中，猫咪们看起来都悠闲自在，相当放松。而只要跟猫玩，不知不觉就会待上一整天的 Erica 告诉我们，拍摄动物最需要的就是耐心。首先，一定要花些时间与猫相处，取得猫咪的信任后，才能拍到最好的照片。

Q 为什么 Erica 照片中的猫看起来都特别可爱？

仔细观察我拍的猫咪照片，你有没有发现常常都是从跟猫咪视线平行的位置所拍摄？因为我认为，这个角度不但最容易捕捉到猫咪的自然神情，也最能拍出可爱的感觉。为了获得这个角度，如果猫咪在地面上，最好可以蹲下来把镜头放低；当猫咪跑来跑去时，那也只好蹲下跳起寻找最佳位置了。拍照可是一点都不轻松呢。

与猫咪视线平行的角度，最能拍出猫咪脸上的表情。

（上）猫咪为什么都看着我呢？当然是因为我手上拿着饲料呀！

（右）这张是由上往下的俯拍角度。和猫咪打好关系后，捕捉它们抬头的一瞬间。

Q 如何接近猫咪呢？

在岛上见到猫咪时，我不会急着拍照，而是慢慢靠过去看猫咪的反应。

如果猫咪立刻想逃走，可以试着用猫玩具上的小铃铛，或是摇晃小包装猫饲料发出轻微声响吸引它们，多数猫咪听到后会停下来观察你——通常最有效的还是食物的声音。这时千万不要动作太大或发出巨大声响，否则猫咪可是会快速跑掉的！

当发现你很友善又没有危险性（而且还有食物），有些猫会自己靠过来，可以帮愿意接近你的猫咪按摩一下，让它们放下戒心之后就好解决了。如果猫咪还是继续往后退的话也不要勉强，就另寻目标吧，人家可不想被打扰呢！

花上一点时间，才能拍到猫咪最自然的模样。

Q 猫岛上拍的猫咪照片有什么特色呢？

拍摄家猫时，背景多半只有室内摆设，而大多数的猫岛都拥有相当美丽的自然风光，因此在猫岛拍照，可千万不要只记得拍猫。除了近距离拍摄猫咪生动活泼的表情和动作外，也可以多加利用渔船、蓝天、大海、礁岩、花草等各种景色，作为构图时的背景，这样拍摄出来的照片，在色彩上也会更加丰富有层次。

（左）猫岛四面都是海，利用大海、破旧栈桥等也能拍出很有感觉的照片。

（下）利用花草能拍出色彩更丰富的画面。

（左）佐柳岛的飞天猫也很适合使用连拍，挑出猫咪跳跃过程中最好的一张照片吧。

（下）一边和猫咪玩一边使用连拍，就能拍出像这样动感的照片。

Q 像是吐舌猫或飞天猫这样的照片是怎么拍到的呢？

猫咪是好奇心很强的动物，精力也很旺盛，要拍出好的照片，可以善加利用手机里的连拍模式。在猫咪动来动去的时候，不妨一边和它们互动，一边握好相机、直接开启连拍模式或多按几次快门，捕捉住猫咪最好的瞬间画面。像吐舌猫、飞天猫这些照片，都是连拍后从数张照片中挑选而来。

吐舌猫拍摄到的是猫咪用完餐舔舌头的瞬间。

拍摄猫咪的注意事项

- 请记得把闪光灯功能关掉，这不只是因为猫咪很讨厌闪光，也因为强烈的光线会伤害它们的眼睛。
- 带张容量足够的存储卡，还要记得把电池充满或携带移动电源。岛上可是没有商店可以随时买存储卡或提供充电，因此，出发前往猫岛摄影前一定要再三确认。

猫岛旅行注意事项

有些猫岛并非是以观光为主的岛屿，岛上人烟稀少、相关设施也不一定齐全，在这里列出需要留意的地方。

❶ 航船班次可能因季节变动

通常夏天是上岛旅行的旺季，有些航船会增加班次，冬天班次则会减少。另外，因为天黑得早，航班时间也可能有变动，请至现场或官网查询。

❷ 航班可能当天停开

有些航船由于体型较小，会因风浪过大或天气不佳而停开，通常最晚在发船前半小时公布。因此需注意气象，行程也最好保留一些前后调整的余裕。

❸ 周末连假提早抵达

如相岛等热门猫岛，或青岛这种航船班次很少的岛，遇到日本当地放假或周末时，航船座位很容易销售一空，最好提早至少半小时抵达或避开这些时段。

❹ 留意末班船的时间

不少岛上没有住宿，因此，乘船时确认好回程的时间，并注意不要错过末班船。去程时也请先确定好回程大致的交通接驳时间。

⑤ 最佳旅游季是春秋两季

主要是因为夏天很热，岛上多半没有遮阴；冬天则因为天气不稳定，船只停驶的可能性比较高。

⑥ 雨天考虑不去

猫咪一年四季都能看到，倒是雨天不喜欢出来，加上拍照效果比较差，船也可能比较摇晃或停驶，因此，遇到雨天我多半会变更行程。

⑦ 请将垃圾带走

大部分的离岛都没有垃圾焚化厂等设施，不论是便当、饮料或是猫饲料的包装，都请在离开时一并带走，避免造成岛上的环境负担。

⑧ 确认是否需自备食物和饮水

离岛上餐厅的营业时间都不太固定，也有完全没有餐厅和自动贩卖机的岛屿。我向来习惯自备食物和饮水登岛，偶尔才会在岛上用餐。

⑨ 不要打扰到居民

最常见的状况是拍猫拍得太专心，一不小心就走进了人家的院子里，挡在马路上，或是踩到正在晒的海带。请务必不干扰到居民生活。

⑩ 召唤猫咪的方法

我会携带小包干饲料或是肉泥去猫岛。尤其是小袋的干饲料，只要摇一摇就会发出声音，可以吸引猫咪注意，也能通过这样抓住猫咪眼神，拍出好照片。

⑪ 注意每个岛的喂猫规则

每座岛对于喂猫的规定不尽相同：有些岛不能喂猫（如相岛），有些岛则只能在固定地点喂猫（如青岛），请尊重当地规定。

⑫ 记住车站和岛名的日文发音

虽然是汉字但是中日文念法很不同，最好记住车站、岛名的日文发音怎么念，这样要问路时，人家才知道你想去哪里。

⑬ 自备干洗手或肥皂

岛上的厕所通常没有洗手液，可以自备小块肥皂或干洗手以便使用。

⑭ 避免穿毛衣或丝袜

岛上猫咪的爪子多半很锐利，如果有食物的话，猫可能会很激动，因此请尽量避免穿着毛衣、丝袜等容易被抓破的衣物。

开始属于你的日本猫岛旅行

以下将介绍日本从东北到九州，一共 18 座猫岛。

里头有艺术气氛浓厚的岛屿、拥有美丽老村的岛屿，

当然也有只住了不到 10 个人，却有超过 200 只猫的超级猫岛。

欢迎你也一起开始，在旅行中与猫相遇。

古老的江岛神社鸟居旁，
猫咪就这样放松地睡着了。
江之岛上的猫咪都不太怕人，
时常自顾自地睡大觉。

01

东京出发，猫岛日归小旅行

江之岛

えのしま　Enoshima

离开市区不过一小时，
就来到海风吹拂的湘南海岸。
渡桥踏上江之岛，
亲人的猫咪们就在铺石小径旁打滚撒娇，
仿佛岛上的住客般，
迎接着百年来络绎不绝的观光人潮。

イヤーラウンド
江ノ島コース
チェックポイント
湘南ふじさわウォーキング協会
電話 0466-28-2052
12 km

见见江之岛的可爱猫咪们！

在奥津宫旁的日式茶屋岛の茶屋あぶらや气氛悠闲，还有只可爱又亲人的虎斑店猫在红伞下跟客人玩。

这孩子也太放松了吧！就这么睡倒在人来人往的江之岛手扶梯入口旁。

布游舍前的橘猫超级心急，
还来不及打开饲料，
就爬到肩膀上来了。

（上）每隔一阵子来访，我都会去找找江岛神社入口住的猫咪一家人。
（下）Samuel Cocking 植物园里偶尔也能见到猫咪出没。

神社参道的石板路旁，
有只橘猫正在
一脸幸福地午睡呢！

江之岛
快速导览

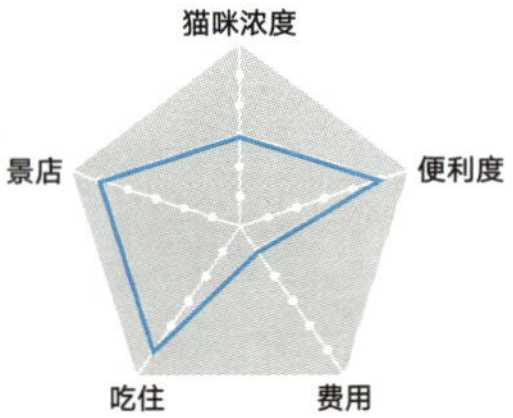
猫咪浓度
便利度
费用
吃住
景店

往江之电江之岛站
小田急电铁
片濑江之岛站
しらす問屋とびっちょ
弁才天仲见世通店
青铜鸟居
弁才天仲见世通
章鱼煎饼 あさひ本店
江岛神社
LONCAFE
湘南江之岛本店
游览船べんてん丸码头
江之岛展望灯塔
江之岛Samuel Cocking植物园
江之岛神社奥津宫
稚儿之渊
江之岛岩屋

江之岛距离东京市中心只需一个多小时，不只交通方便，也是观光鼎盛的知名景点。除了历史悠久的江岛神社、海蚀洞窟江之岛岩屋等景点，还有美丽的 Samuel Cocking 植物园、能登高望远的江之岛展望灯塔，餐厅小店等一应俱全，是所有猫岛中最热闹的一个。

据说江之岛猫口众多的原因，是多年前有流浪猫出现在岛上，居民们发现后主动喂养，消息传出后，竟有越来越多人将猫带到江之岛弃养，幸好居民们持续付出爱心照顾这些猫咪，猫咪也俨然成为岛屿的住客。或许因为这样，这里的猫儿大多都肥肥胖胖的非常健康，也相当亲人，是一群快乐幸福、毫无戒心的猫咪们。

江之岛在猫岛之中算是交通非常方便的，因此只要人在东京附近、天气还不错，很推荐随兴到这边走一趟。如果同行的朋友不是猫奴也不用担心，江之岛上有很多观光名胜，能让大家都逛得满意。另外，如果你喜欢摄影的话，可别错过每年11月底到2月上旬限定的冬季点灯“湘南宝石”，以及天晴时从岛上能看见的海上富士山绝景。

江之岛步行游逛一圈，约需要半天左右的时间。在行程串联上，很适合和附近的江岛水族馆一并游逛，若与附近的镰仓一起搭配，来个离开东京的一泊二日小旅行也很不错喔。

猫咪集中地

江岛神社入口卖票处，边津宫、中津宫、奥津宫沿路。弁才天仲见世通和江之岛 Samuel Cocking 植物园有时也有猫出没。

江之岛景点

❶ 江岛神社

江岛神社是日本三大弁财天神社之一，历史悠久，香火相当鼎盛。由于弁财天是象征口才、音乐与财富的女神，有非常多演艺界人士会前来参拜。神社沿着山坡而建，共有边津宫、中津宫和奥津宫三宫，得爬不少阶梯才能逛完。

神奈川县藤泽市江之岛 2-3-8 / 自由参观 (御守等 8:30~17:00) / 免费，电扶梯大人 360 日元 / 无休

❷ 江之岛展望灯塔

江の島シーキャンドル

江之岛中央是 Samuel Cocking 植物园，而江之岛展望灯塔就位于花园里面。塔上能看见 360 度的湘南海岸与相模湾景致，天气好时可以看见富士山，冬季限定“湘南宝石”，以紫蓝灯饰妆点起灯塔和 5 万颗灯泡做成的灯之隧道，是我心目中名列前茅的梦幻灯景。

神奈川县藤泽市江之岛 2-3-38(Samuel Cocking 植物园内) / 9:00~20:00(最晚入场时间 19:30) / 初中以上 300 日元、儿童 150 日元 / 无休，但可能因天候不佳而关闭 / enoshima-seacandle.com

❸ 江之岛岩屋

江之岛岩屋是个海蚀洞窟，也是历史悠久的弁财天信仰圣地。洞窟由两个巨大的岩穴所组成：第一岩屋和第二岩屋，据说第一岩屋的左后方与富士山的鸣泽冰穴相通，右后方则是江岛神社的发源地。

神奈川县藤泽市江之岛二丁目 / 9:00~18:00 / 大人 500 日元、儿童 200 日元 / 无休，但可能因天候不佳而关闭

❹ 弁才天仲见世通

穿越古意盎然的青铜鸟居后，便是江之岛最热闹的商店街弁才天仲见世通，上面餐厅、旅馆、咖啡店、纪念品店等通通都有，甚至还有可以眺望湘南海岸的户外温泉 EnoSpa。

神奈川县藤泽市江之岛二丁目

江之岛美味推荐

Lon café

位于植物园内，以不同口味的法式吐司远近驰名。由于排队人潮相当多，可以先去抽取号码牌和留下电话号码，再边逛边等候店家电话通知。运气好的时候花园里也可看见猫咪喔！

神奈川县藤泽市江之岛 2-3-38(Samuel Cocking 植物园内) / 平日 11:00~20:00、周末 10:00~20:00(最后点餐时间 19:30) / 无休

しらす問屋 とびっちょ

江之岛上最出名的就是用不同方式料理的鲂仔鱼，其中我最推荐的就是しらす問屋像脸盆一样大的综合海鲜丼饭びっちょ丼！除了有必吃的生鲂仔鱼，还搭配各种新鲜生鱼片跟烤星鳗，里面还加了美乃滋、海带芽跟生菜，口感特别。

神奈川县藤泽市江之岛 2-1-9 / 11:00~20:00(最后点餐时间) / とびっちょ丼 1890 日元 / 无休 (天气不佳时可能提早休息)

备注：1~3 月中是禁捕期，所以这段时间是吃不到生鲂仔鱼的喔！

朝日堂（あさひ本店）

用整只龙虾、数只小章鱼或水母，高温压制而成的巨无霸仙贝，是许多人到江之岛必吃的美食之一，新鲜现做的热腾腾仙贝，有着浓厚丰富的海鲜香气与酥脆口感，真的蛮值得排队等待！

神奈川县藤泽市江之岛 1-4-10 / 9:00~18:00 / 龙虾仙贝 600 日元 / 周四休

江之岛亭

江之岛上的百年老店。店里气氛古色古香，靠窗座位能看见海景，并提供丰富又新鲜的海鲜料理和定食，季节来临时也能吃到有名的鲂仔鱼。招牌料理“江之岛丼”是海螺肉淋上蛋汁，相当特别。

神奈川县藤泽市江之岛 2-6-5 / 平日 10:30~ 日落后 1 小时（最后点餐）、周末例假日 10:30~19:00（最后点餐）/ 冬天、天气不佳时可能提早休息

江之岛旅游情报

如何前往江之岛

江之岛临近的车站有小田急电铁的片濑江之岛站、江之岛电铁的江之岛站，以及湘南单轨电车的湘南江之岛站。其中又以片濑江之岛站最近，徒步至岛上约 11 分钟。

从新宿站出发

从新宿站有 JR 和小田急电铁两种车可以选择，小田急电铁的票稍便宜些，另外还有推出一日券可以多加利用。除了小田急浪漫特快号，都需在藤泽站转车。

- 新宿站 → 小田急电铁 小田急线 约 55 分钟 → 藤泽站 → 小田急电铁 江之岛线 约 7 分钟 → 片濑江之岛站
- 新宿站 → JR 湘南新宿线 约 47 分钟 → 藤泽站 → 江之岛电铁 约 11 分钟 → 江之岛站

从东京站出发

若从东京站出发，可在藤泽或大船站转车。

- 东京站 → JR 东海道线 约 48 分钟 → 藤泽站 → 江之岛电铁 约 11 分钟 → 江之岛站
- 东京站 → JR 东海道线 约 42 分钟 → 大船站 → 湘南单轨电车 约 13 分钟 → 湘南江之岛站

从镰仓站出发

若从镰仓站出发，可搭乘江之岛电铁。

- 镰仓站 → 江之电 约 24 分钟 → 江之岛站

JR 东日本 www.jreast.co.jp

小田急电铁 www.odakyu.jp/tc/getting-around/enoshima_kamakura/

江之岛电铁 www.enoden.co.jp/train

湘南单轨电车 www.shonan-monorail.co.jp

江之岛基本信息

江之岛观光发达，不用担心吃饭和上厕所的问题，岛上有旅馆可以留宿，甚至还有一处温泉呢。岛上餐厅最晚大概开到 8 点，冬天在江之岛展望灯塔的"湘南宝石"点灯则营业至晚上 8 点或 9 点。

餐厅： 20 间以上

旅馆： 6 间

商店： 20 间以上

温泉： 江之岛温泉 Enospa

岛上交通： 徒步，部分地区可开车（有两处停车场）

公共厕所： 数量充足

游览船 弁天丸号（江之岛大桥一稚儿之渊）

虽然步行就能抵达江之岛，但如果想搭船转换一下心情，也可以搭乘弁天丸号抵达江之岛最后方的稚儿之渊，走一小段路就到江之岛岩屋了，可以从这里开始逛起。需注意的是弁天丸号是小型的游览船，只要风浪稍大便会停驶，可至片濑江之岛观光案内所询问当天的开船状况。

地址： 江之岛大桥中段一稚儿之渊

时间： 约 10:30~16:00，船程为 10 分钟

价格： 单程成人 400 日元、儿童 200 日元

网址： www.fujisawa-kanko.jp/spot/bentenmaru.html

江之岛 - 镰仓周游券
江の島・鎌倉フリーパス

如果预计从新宿出发，想要来个江之岛和镰仓一日游，很适合购买这张交通票券，一整天所需要的交通费用全部都包括在内了。

发行： 小田急电铁

使用范围： 从出发车站至藤泽，来回一次的车票，藤泽至片濑江之岛的小田急电铁和江之电可在一日内无限次搭乘

价格： 从新宿出发，成人 1470 日元

购买地： 小田急旅游服务中心、小田急电铁的自动售票机

网址： www.odakyu.jp/tc/deels/freepass/enoshima_kamakura

江之岛 1 天周游券
江の島1dayパスポート（eno=pass）

除了前述交通外，还包含江之岛上电扶梯、植物园、江之岛展望灯塔跟岩屋的门票，适合一开始就打算逛遍江之岛各景点的人。

发行： 小田急电铁

使用范围： 出发车站至藤泽，来回一次的车票，藤泽至片濑江之岛的小田急电铁和江之电可在一日内无限次搭乘，岛上主要景点门票

价格： 成人 1970 日元

购买地： 小田急旅游服务中心、小田急电铁的自动售票机

网址： www.odakyu.jp/tc/deels/freepass/enoshima_oneday

镰仓 / 江之岛通票
镰仓・江ノ島パス

若住宿在大船、镰仓、北镰仓或藤泽的话可以选择这张交通券，尽情游逛镰仓和江之岛这个区域的各景点。

发行： JR 东日本

使用范围： 一天内可无限次搭乘江之电、湘南单轨电车，以及大船、镰仓、藤泽等范围内的 JR 列车

价格： 成人 700 日元

购买地： 大船站、藤泽站、镰仓站、北镰仓站的 JR 售票处或游客服务中心

网址： www.jreast.co.jp/tc/pass/kamakura_enoshima.html

江之电一日车票
江ノ電 1 日乗车券「のりおりくん」

如果打算在镰仓、藤泽或江之岛上住一晚的话可以购买，能一日内无限次搭乘江之电。

发行： 江之岛电铁

使用范围： 江之电沿线

价格： 成人 600 日元

购买地： 江之电各车站售票机

网址： www.enoden.co.jp/tc/tourism/ticket/noriorikun/

备注： 限购买当日使用

Erica 的一日散策

以下是慢步调游逛江之岛的行程，若想要紧凑些，下午两三点逛完后可以转往镰仓一带。

9:10

前往**新宿站的小田急电铁服务中心**购买江之岛 1 天周游券 (1970 日元)。

NOTE：另外加价 620 日元的特快车票，可以搭乘直达片濑江之岛的景观列车小田急浪漫特快，不过平日上午只有 9:40 一班车。

9:34

搭乘 9:34 发车的**小田原线快速直行**，在藤泽站下车转车后，在 10:47 抵达片濑江之岛站，步行约 10~15 分钟，跨过江之岛大桥抵达江之岛。

11:00

经过江之岛的玄关口的青铜鸟居，在**弁财天仲见世通**走走逛逛。

11:30

前往**しらす問屋とびっちょ吃午餐**。如果还不饿的话，也可以走到更远一点的**百年老店江之岛亭**尝尝**螺肉饭**或其他海鲜料理。

NOTE：用餐时间人很多，若想吃とびっちょ的豪华海鲜丼，建议 11:30 之前就要前往用餐喔。

12:50

前往**江岛神社**入口处找猫咪玩耍！

13:15

搭乘电扶梯前往**边津宫**、**中津宫**与钱洗白龙王参观与参拜。

14:30

步行前往奥津宫找猫咪玩耍！

14:50

步行前往**稚儿之渊**与**江之岛岩屋**。拿着蜡烛在岩屋中享受探险气氛！

15:30

步行前往**江之岛 Samuel Cocking 植物园**，先到 Lon Café 领取号码牌后参观花园。

16:30

享用 **Lon Café 法式吐司下午茶。**

17:30

前往**江之岛展望灯塔**，登上塔顶欣赏湘南海岸、相模湾与富士山夕阳绝景。

NOTE：冬季与夏季日落时间不同，另外冬天还可能遇上“湘南宝石”点灯，请自行留意调整行程喔！

18:30

离开江之岛，回到片濑江之岛车站，搭乘 **18:49 发车的江之岛线快速急行**，不需换车且能在 19:58 抵达新宿。

20:10

新宿站一带到晚上都还是热闹滚滚，晚餐可以去空间和食物都很有趣的 **Sanagi Shinjuku**，来点亚洲料理配小酒！

02

狗狗禁止上岛！国际知名的日本猫岛

田代岛

たしろじま　Tashirojima

田代岛位于东北宫城县石卷市外海，
距东北主要入口城市仙台约 2 小时。
岛上人口仅约 80 人，猫咪却有上百只，
岛上还有个猫神社，
是个不折不扣的猫之国境，
也是猫奴们向往的梦幻岛屿。

漫画岛活动中心前的草坪也常有猫咪聚集。

见见田代岛的可爱猫咪们！

世界人類が平和でありますように
AMI MOTO
網元

在田代岛上散步，常会突然发现路边多了双闪亮亮的眼睛。很能享受路上有猫的乐趣。

民宿网元的路口常有猫咪聚集，别忘了到这一带看看。

下船不远处就遇到一只臭脸猫咪。大大方方摆出专业坐姿，让众多观光客拍照。

田代岛快速导览

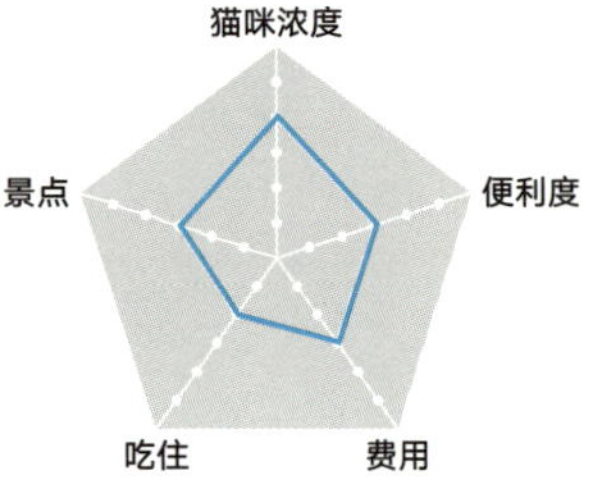

第一次造访田代岛是在日本“三一一”大地震后一年，当时的石卷市和田代岛都是重灾区，记得搭乘巴士去码头的途中，全车只有我一个观光客，巴士司机指着什么都没有的路边，对不通日文的我说：“没有，没有，什么都没有了。”就连候船室也是临时搭建的。幸好经过了数年的时光，当地居民的起居生活都已恢复原貌，去年造访时，还在石卷市发现一间空间环境一点都不输大都市的复合式咖啡店IRORI，很令人欣慰。

田代岛上猫口众多，是因为这里早年盛产丝布，养猫以防治鼠患。随着时代变迁，丝布产业不再，现在居民多以渔业为生，不过岛民们早已习惯和猫咪共同生活的步调。因为曾登上日本国内外媒体报道，田代岛一跃成为日本最知名的猫岛，还能见到不少金发碧眼的西方游客！岛上的猫咪们或许是因为向来与居民和平共处，也见多了观光客，所以特别不怕生，也没什么攻击性。

田代岛共有一北一南两个港口，北边是大泊港、南边是仁斗田港，两个港口间步行约40分钟。南边的仁斗田港是主要港口，航船班次较多，也有不少猫咪会聚集在港口边，大泊港一带的猫咪就稍微怕人一些。如果时间有限，可以在仁斗田港一带逛逛就好，若想要悠闲逛遍全岛，则可以从大泊港下船，经过猫神社后由仁斗田港回程，比较不容易错过回程船班，从仁斗田港步行往返也还算轻松。

猫咪集中地

仁斗田港、港前广场、民宿网元、阿部ツ商店附近，漫画岛、猫神社一带。田代岛的猫咪喜欢四处走动，也会在往猫神社沿路上出没喔！

猫岛 NOTE

田代岛明文规定禁止狗狗上岛。另外由于岛上道路仍有车辆来往，注意不要在道路中间喂猫。

田代岛
景点

❶ 漫画岛　マンガアイランド

由石巻市所营运的小屋兼露营地，其中最引人注目的就是由漫画家所设计、五栋红白相间的猫脸屋！小屋预约后可入住，内部厨房床铺等设施也一应俱全。就算不入住，位于岛上制高点的漫画岛景色也很美，值得过来一看。

宫城县石巻市田代浜字敷岛 24 / 0225-21-4141（预约电话）/ 每年约 4 月至 10 月开放 / 预约详情请参考石巻市官网：http://www.city.ishinomaki.lg.jp/cont/10452000b/-kanko/-kankomap/d0040/20130224150619.html

❷ 猫神社

相传过去田代岛的渔民有观察猫咪行为预测天气的习惯。有一天，一位渔民将死去的猫咪好好安葬，之后便连连丰收，大家认为这是猫的报恩，于是建造了猫神社。神社附近是猫咪聚集的场所之一，还摆放着许多来自各地的猫咪玩偶。

宫城县石卷市田代浜字仁斗田

田代岛食事处

田代岛にゃんこ共和国

由废弃的小学改建而成的咖啡店兼小商店，售卖猫咪商品，也会举办猫咪摄影展。

宫城县石卷市田代浜字仁斗田 -147-1 / 10:00~15:00 / www.nyanpro.com

田代岛オリーブ・カフェ

港口附近的咖啡厅，提供意大利面和咖啡，从店里可以看见美丽海景。

宫城县石卷市田代岛仁斗田 / 10:30~15:00 / seinoprojects.wixsite.com/tashirojimaolivecafe

黑猫堂的咖喱饭

❸ 黑猫堂

クロネコ堂

邮局改建而成的黑猫堂提供简易餐点，也售有可爱的猫咪纪念品，岛上的简易邮局也在店内，可以直接从这里寄出明信片给亲朋好友。一旁并设的田代小历史馆则展示着田代岛的老照片与书籍。

宫城县石卷市田代浜字仁斗田 -76 / 10:00~15:00 / 不定休 / 营业时间与田代岛猫咪情报可参考店家推特 http://twitter.com/kuronekotashiro

田代岛旅游情报

如何前往田代岛

虽然石巻市也越来越热闹了，但我大部分情况还是住在东北的入口都市仙台市，利用 JR 东日本铁路周游券（东北地区）一日来回前往田代岛。从仙台往田代岛，需先搭 JR 到石巻站后，转搭巴士或出租车前往石巻港，再转搭往田代岛的网地岛 Line 航班。

从仙台站出发

仙台站 → JR 仙石东北线 约 60~90 分钟 → 石巻站 → 宫城巴士 山下门胁线 约 20 分钟 → 门胁二丁目站 → 步行 约 5 分钟 → 石巻港 → 网地岛 Line 约 34~60 分钟 → 仁斗田港

JR 东日本 www.jreast.co.jp/tc/

宫城巴士（ミヤコーバス）www.miyakou.co.jp

石巻地区的巴士时刻表（石巻市网站）
www.city.ishinomaki.lg.jp/cont/10053500/bus/20130322165030.html

网地岛 Line（网地岛ライン）ajishimaline.com

田代岛基本信息

田代岛上虽然并不是太观光化，但有自动贩卖机、公共厕所、小型商店、咖啡店、民宿等设施，在猫岛中算是方便的。需注意岛上的餐饮都比较简单，店家也可能临时休息。

餐厅、咖啡店： 4 间左右
住宿： 6 间左右
商店： 1 间
岛上交通： 徒步
公共厕所： 2 处
自动贩卖机： 2 处

交通费用

由仙台站往石卷站为 840 日元、由石卷站往石卷港的巴士为 280 日元、由石卷港往仁斗田港的船资为 1230 日元。

注意事项

- 由于石卷站往石卷港的巴士班次很少，可考虑改搭乘出租车，车资约为 1000 日元左右，倒也不会太贵。可请对方到“网地島ライン門脇発着所”下车，车程约 10 分钟。
- 石卷港主要的乘船港口为门胁，在门胁二丁目站下公交车后步行约 5 分钟可抵达。
- 田代岛没有售票处，可在石卷港先买好来回船票，费用为 2460 日元，回程票 7 天内有效。

石卷站→石卷港巴士时刻表

- 石卷站→石卷港（门脇二丁目下车）→石卷站 ミヤコーバス山下門脇線

石卷驿前	门胁二丁目	石卷驿前
8:30	8:44	8:53
11:30	11:44	11:54
15:00	15:14	15:24
16:50	17:04	17:13

◎ 2018 年 10 月之时刻表，最新时刻表请查询石卷市网站或宫城巴士网站（见左页）。

◎ 近来网地岛 line 的中央发着所也已整备完成，从石卷站走路 15 分钟即可抵达，也可参考下方中央的时刻表，改搭由此出发的船班。

石卷港 - 网地岛航班时刻表

- 石卷→田代岛→网地岛 网地島ライン

去程	石卷		田代岛		网地岛		
	中央	门胁	大泊	仁斗田	网地	长渡	鮎川
第 2 班	9:00	9:10	9:36	9:44	9:54	10:08	10:20
第 3 班	12:30	12:42	13:24	13:34	13:52	14:10	14:31
第 4 班	15:30	15:40	16:06	16:14	16:24	16:38	16:50

- 网地岛→田代岛→石卷 网地島ライン

回程		网地岛		田代岛		石卷	
	鮎川	长渡	网地	仁斗田	大泊	门胁	中央
第 1 班	7:20	7:30	7:45	7:55	8:02	8:35	8:42
第 3 班		12:30	13:45	13:55	14:02	14:33	14:40
第 4 班	14:35	14:51	15:12	15:30	15:35	16:33（后）	16:24（先）

◎ 本表为 2019 年 3 月之时刻表。

◎ 第 4 班船先到中央再到门胁。

◎ 秋冬浪大或天候不佳时可能停驶，停驶与否最慢会在发船前 30 分钟公布。

◎ 航班会依季节变动，夏日较多、秋冬航班可能较少，最新信息请依网地岛 Line 的网站为准，买船票的地点通常也会有最新的船班讯息，记得再次确认回程的班次时间。

◎ 航程实际时间依天候状况可能略有误差。

Erica 的一日散策

以下是从仙台出发的来回行程。若想在田代岛上待久一点，可省略仙台朝市、改搭 7:24 发车的班次，去赶 9:10 的第一班船，或参考 P52 田代岛 + 网地岛的行程。

9:00

前往**仙台朝市**逛逛充满人情味的热闹市场，顺道去半自助式食堂**しょう家**吃碗 500 日元的**海鲜丼**当早餐。也可以在这里买些熟食或水果当成田代岛上的中餐。

NOTE：仙台朝市周日和节假日休息
www.sendaiasaichi.com

10:15

在**仙台站**搭乘 **10:15 的 JR 仙石东北快速・石卷行**，在 11:17 抵达**石卷站**（840 日元）。

11:30

前往石卷站前的 **3 号巴士站牌**，搭乘 **11:30 的山下门胁线巴士，至门胁二丁目站**下车（280 日元）。

12:42

在候船处买好往返田代岛的船票（2460日元）后，搭乘**12:42的航班**，前往田代岛的**仁斗田港**。

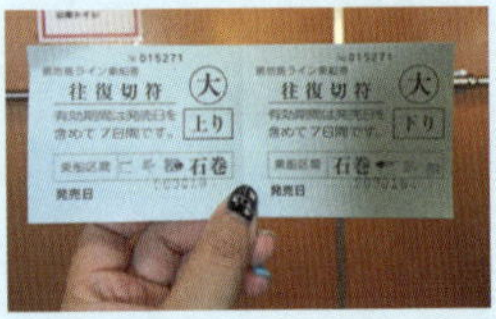

13:34

抵达仁斗田港。码头边就有不少猫咪聚集，往前走一小段的仁斗田聚落也有猫咪的踪影。立刻开始愉快的摸猫行程吧！

14:10

经过**黑猫堂**和**稻荷神社**后抵达**漫画岛**。这里景色绝佳，可以眺望周边的碧海蓝天。野餐桌上还常能看到猫在睡觉呢！

14:45

往北走约 25 分钟，经过隧道和旧时的小学后抵达**猫神社**。沿途不时能看到猫出没。

15:15

沿着靠海的另一条路，步行约 20 分钟可以回到仁斗田港口边。如果担心走得太赶的话，可以考虑舍弃较远的猫神社，在漫画岛和港口边看猫就好。

15:30

搭乘 **15:30 的船**从田代岛的仁斗田港回**石卷**。

16:33

抵达石卷港后，搭乘 **17:04 山下门胁线的巴士**（280 日元）或**出租车**回到石卷站。

NOTE：若从中央发著所下船就不用转车了，可以步行回到石卷车站。

17:53

从石卷站搭乘 **17:53 发车的 JR 仙石东北ライン快速 · 仙台行**回到仙台站（840 日元）。

18:52

抵达仙台站后，不妨前往**车站三楼的牛舌通**，尝尝仙台名物炭烤牛舌。这里一共聚集了四间牛舌名店，私心推荐仙台才吃得到的**たんや善治郎**，Q 弹又带着焦香味的厚片牛舌超级美味！

アサヒビール
アサヒビール
アサヒビール
アサヒビール
清酒

03

拥有绝美沙滩的宁静猫岛

网地岛

あじしま Ajishima

距离田代岛仅需搭船 15 分钟的网地岛，
虽然同为猫岛，
名气却远不及田代岛响亮，
拥有优美宁静的另一番风情。
喜欢看海、时间也允许的话，
不妨顺便来此走一遭吧！

见见网地岛的可爱猫咪们！

在潮美庄再往上走一点的商店前，遇到了两只可爱的阿橘。

网地岛快速导览

网地岛位于牡鹿半岛西侧的外海，面积约是田代岛的两倍，岛上还有巴士运行呢！

由于从1979年起就被划在日本国立公园的范围内，岛上保有美丽的自然风景，其中网地白滨海水浴场水质透明清澈、波浪和缓，是石卷当地人气第一的海水浴场。

由于地处北方，海水浴场能下水的时间只有短短一个多月，因此岛上大部分的时间都相当宁静，比起田代岛，也有更多能看见湛蓝海景的好地点。

虽然这里也被日本媒体归为猫岛，但实际上猫咪数量不明，我曾在某年秋天造访田代岛时顺路来这儿，因为时间有限，主要逛了网地港一带，两个小时内见到的猫咪数量约是十多只。印象深刻的是无意间走上往木村旅馆的小路时，旅馆附近的空地和院子里，聚集了不少正在享受冬日暖阳的猫咪，看起来悠闲惬意极了。

网地岛的猫个性比较怕生，可能是因为除了夏天外，平时观光客并不多，比较少见到陌生人。想拍摄猫咪或跟它们玩耍的话，可要有点耐心喔。

猫咪集中地

潮美庄、木村旅馆等民宿和少数商店附近。

网地岛景点

❶ 网地白浜海水浴场

以海水清澈透明度与细致白沙闻名，每到夏天就会涌进人潮，沿着海湾种植的椰子树，让这里充满度假风情。除了游泳玩沙，海滩附近还有几间可以在阳台上欣赏无敌海湾美景的餐厅或民宿。

石卷市网地浜地内（靠近网地港）/
www.city.ishinomaki.lg.jp/cont/10452000b/-kanko/0009/20130225181414.html /
注意：海水浴场只在夏季开放，部分商家也只在夏季营业，若想玩水建议先上网查询当年确切的开放时间

网地岛旅游情报

如何前往网地岛

前往网地岛的方式基本上和田代岛相同，只是下船的港口不一样。网地岛有网地港、长渡港两处港口，建议从北边的网地港下船，步行 3 分钟就能抵达网地白浜海水浴场。

从仙台站出发

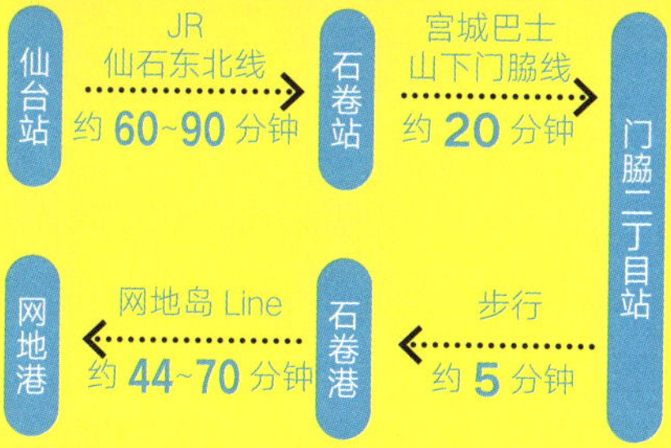

交通费用

由仙台站往石卷站为 840 日元、由石卷站往石卷港的巴士为 280 日元、由石卷港往网地港的船资为 1440 日元。

注意事项

- 如果要跳岛，在同一趟行程中前往田代岛、网地岛，可购买“フリークーポン”船票，价钱是 3090 日元来回，可从石卷出发来回，并往返田代岛和网地岛之间。

石卷 - 石卷港 - 网地岛的时刻表

巴士、航班相关的注意事项与时刻表请参考 P41。

JR 东日本 www.jreast.co.jp/tc/

宫城巴士（ミヤコーバス）www.miyakou.co.jp

石卷地区的巴士时刻表（石卷市网站）www.city.ishinomaki.lg.jp/cont/10053500/bus/20130322165030.html

网地岛 Line（网地岛ライン）ajishimaline.com

网地岛基本信息

餐厅、咖啡店： 1 间

住宿： 6 间左右，部分提供用餐

商店： 1 间

岛上交通： 徒步、巴士

公共厕所： 1 处

自动贩卖机： 2 处

Erica 的一日散策

由于网地岛的猫咪没有田代岛那么多，如果是以“猫岛”为重点，
比较建议把田代岛跟网地岛安排为一日跳岛游。

7:24

在**仙台站**搭乘**7:24 的 JR 仙石东北快速・石卷行**，在 8:20 抵达**石卷站**（840 日元）。

8:44

前往石卷站前的 **3 号巴士站牌**，搭乘 **8:44 山下门胁线的巴士**，至**门胁二丁目站**下车（280 日元）。

9:10

在候船处买好“フリークーポン”船票（3090 日元）后，搭乘 **9:10 的航班**，在田代岛的仁斗田港下船。

9:56

在田代岛可以安心玩到 13:00，约有两个小时左右的时间。走法和景点可以参考 P42 田代岛的部分。

13:00

在**仁斗田港搭乘 13:00 的航班**，在下一站**网地港**下船，航程约 15~20 分钟。

13:18

抵达网地港。在网地港同样有将近两小时的时间可以四处走走逛逛。

13:30

从港口步行约 3 分钟就能抵达**网地白浜海水浴场**。夏天旺季时相当热闹，其他季节也能欣赏美丽的海景。

13:50

如果在夏天前来，可以在可爱的民宿**潮美庄**喝杯咖啡或吃碗剉冰，稍做休息。

14:20

从潮美庄往南步行约 8 分钟可以抵达猫咪聚集的**木村旅馆**和景色优美的**熊野神社**。

15:07

从神社步行约 7 分钟可以回到网地港。在港口附近的民宅街道找找猫咪踪迹后，搭乘 **15:07 的航班**，经由田代岛返回石卷港。

16:33

抵达**石卷港**后，搭乘 **17:04 山下门胁线的巴士**（280 日元）或**出租车**回到**石卷站**。

17:53

从石卷站搭乘 **17:53 发车的 JR 仙石東北ライン快速 · 仙台行**回到**仙台站**（840 日元）。

18:52

抵达仙台站后，不妨去吃吃看车站附近深受当地人喜爱的中华料理老铺**囍龙**，麻婆豆腐相当够味喔！

脸上总带着微笑的可爱狐狸们！

藏王狐狸村

彩蛋 01

和田代岛、网地岛同样位于东北地区的藏王狐狸村，可说是这一带最疗愈人心的动物景点了！虽然交通极度不便，但特地前往的人潮依旧络绎不绝。

这里采用放养的方式，共饲养了一百多只狐狸，主要品种除了大家比较熟悉的北海道赤狐，还有稀有的银狐、蓝狐、白金狐、影狐、十字狐等。我第一次造访藏王狐狸村，是在 1 月天气极冷的时候，狐狸们全穿上了蓬松柔软的毛大衣，每一只都圆滚滚的，可爱极了！不过，8 月底再次造访时，看见狐狸们因为夏天换毛，几乎缩水了一大半，我开玩笑地跟朋友说不能再说这里的狐狸是胖子了，人家只是冬天为了御寒才会看起来圆圆的，其实不是真的胖啦！

狐狸村的狐狸虽然会四处走动，但千万不可以随便触摸喔！管理员们一再强调狐狸会咬人，连准备喂给狐狸吃的食物也一定要藏好，不可以放在口袋里，否则狐狸闻到可是会过来

抢食的呢！

若想喂狐狸的话，需前往高架喂食区，只要站在上面，狐狸们就会自动聚集过来，一脸认真地望着你，天真又专注的模样真是可爱到不行，天生的弯月形凤眼就像在微笑般，迷人的模样，称为狐狸精都不为过。

在狐狸村里有个稻荷神社，稻荷神是日本神话中掌管五谷丰收之神，现在则被工商界视为财富之神，而狐狸正是稻荷神的使者，在日本全国各地的稻荷神社两侧都供奉着狐狸神像，不过在狐狸村里，守护着稻荷神社的却是真正的狐狸，这种景象真是特别极了！ 曾在报纸媒体上看见标题为“神迹显灵”的文章，表示有网友在稻荷神社里看见一只真正的狐狸，殊不知照片里的神社其实就是藏王狐狸村的这间，就算看见成群狐狸也一点都不奇怪。

除了在园区内观赏拍照，也可以抱抱狐狸喔！只要另外付 400 日元，就可以体验抱抱由园方挑选、个性温和的狐狸，虽然时间只有短短一分钟，但还是很值得试试，春天还有机会可以抱到新生的小狐狸。

从仙台前往藏王狐狸村，需先搭乘 JR 东北本线前往白石约 48 分钟，票价单程 760 日元。出站后步行前往左侧的巴士等候处搭乘往川原子方向的白石市民巴士，下车站为“キツネ村”，车程约 1 小时、票价 200 日元。这班巴士只有星期二、星期五和节假日运行，而且一天只有两班，只能搭乘早上 7:58 的班次，否则下午班次抵达狐狸村后就没巴士返回白石了。如果有三四人同行的话，不妨可以考虑搭乘出租车，单程约 4000 日元，这样就不用担心巴士班次稀少的问题。

宫城县白石市福冈八宫字川原子 11-3 / 9:00~17:00（冬天至 16:00）/ 门票 1000 日元（13 岁以下免费）/ zao-fox-village.com

04

邻近京都、湖面上的猫岛

冲岛

おきしま　Okishima

看看京都的地图，
右上方广大的蓝色大湖就是滋贺县的琵琶湖，
也是日本最大的湖泊。
湖上的冲岛，
是个典型的日本渔村，
也是距离京都最近的猫岛。

见见冲岛的可爱猫咪们！

冲岛的猫们不是在港边，就是在港口往右走的聚落沿路。

在冲岛上，我第一次看到猫咪偷走一整条鱼的有趣画面。而且这两只是不同的猫！

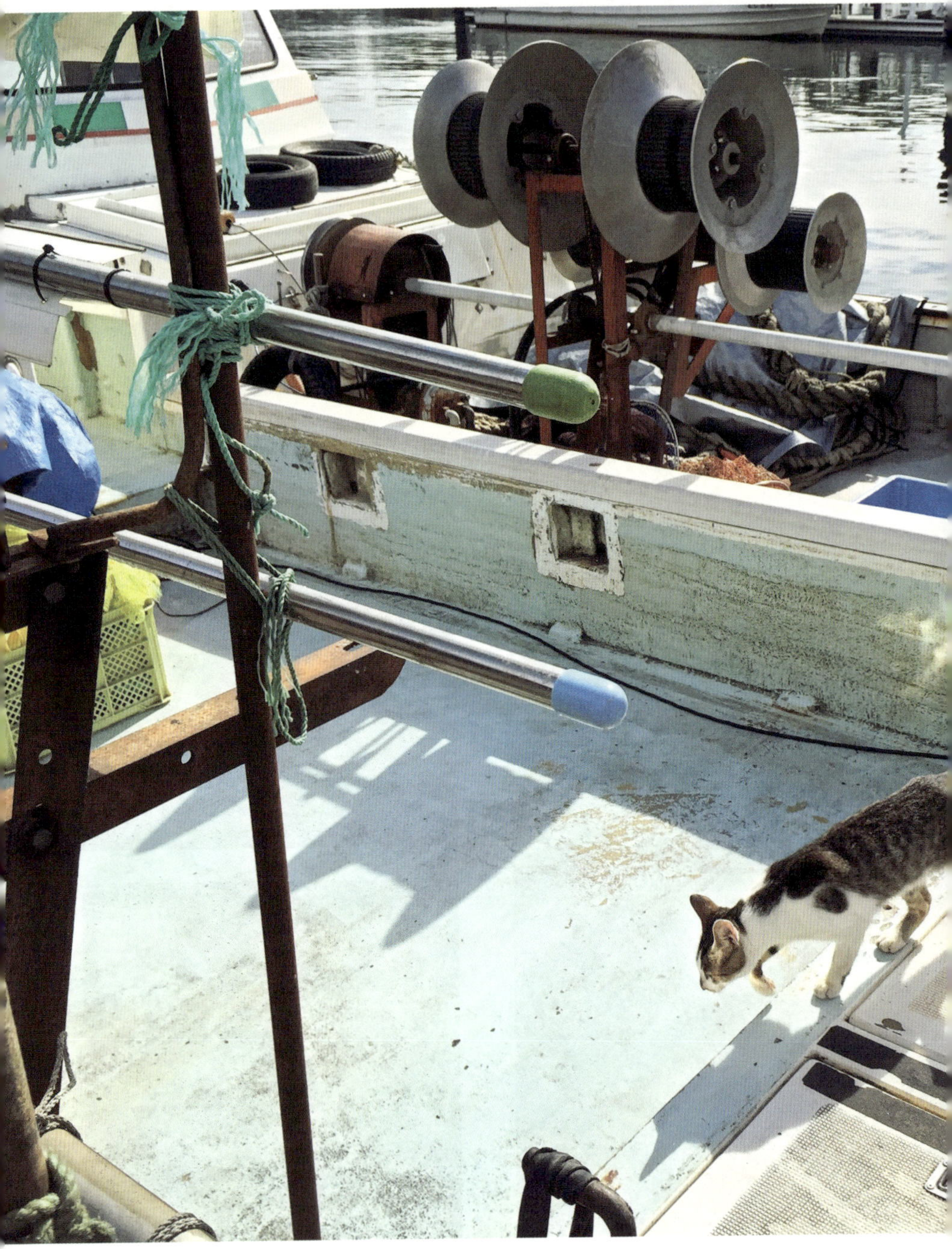

（上）冲岛渔业协同组合车旁的奶牛猫。
（下）在港口对着我不停喵喵叫的小猫。

在冲岛可以看见猫儿跳上船偷鱼的画面。

冲岛
快速导览

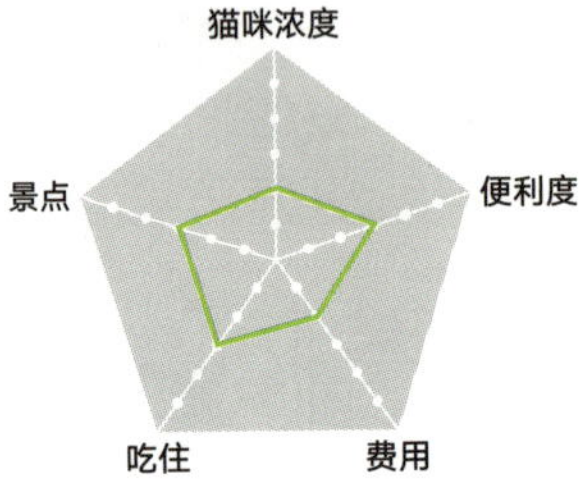

面积有670平方千米的琵琶湖，占滋贺县总面积约六分之一，四面环山，景色优美。除了供应京阪地区的用水，沿湖也有比叡山延历寺、近江八幡、彦根城等历史景点，而位于琵琶湖右下角的冲岛，是日本唯一有人居住的湖中浮岛。

冲岛的面积不到2平方千米，岛上人口三百多人，是个纯朴宁静的日本典型渔村。步行环绕整个岛，仅需约1小时，因此，岛上没有汽车和红绿灯，岛民多以三轮脚踏车代步。又因为以渔业为主业，因此家家户户都有渔船。岛上的猫们大多聚集在港边，我还亲眼见到猫跳到船上偷鱼！渔夫们看到了也不阻止，只是笑着说了猫几句，我在其他岛上从没见过这样有趣的景象。造访岛上那一天，几只大猫毫不客气地跳上船扫荡渔获，一旁看见大猫上船后就站在岸边的小猫，猛对着我喵喵叫，真不知它是需要我帮忙带它上船，还是在告状有猫贼偷偷上船了，让一个人旅行的我顿时笑了出来。在冲岛上，诸如此类简单的小幸福随手可得，在烦扰生活中抽空来这里放松一下心情真是再适合也不过了。

沿着港口右边走到咖啡店汀の精一带能看到不少猫咪，而出港口后沿着村落小巷，往北走到湖岸再右转后，便可抵达岛上民宿“岛の宿”。原本只是好奇想看看民宿的模样，但一走到这儿，就为了眼前的琵琶湖景感到惊艳，成排传统日式建筑与湖水山色相互辉映，景色美得像梦境一般。这里几乎家家户户门口都摆放着各式盆栽，靠湖岸一侧则立着晒衣用的竹竿与衣物，还不时能见到悠闲垂钓的钓鱼人，时光仿佛在此静止。

猫咪集中地

港口附近、经过渔协后右转往冲岛小学的沿路、咖啡店汀の精附近。

冲岛景点

❶ 奥津岛神社

奥津岛神社有一千多年的历史，供奉的守护琵琶湖航行安全之神，固定于每年 5 月 8 日举办祭典。从港口步行约 5 分钟便能抵达神社所在的小丘上，从这里能欣赏岛上建筑和不同角度的琵琶湖美景。

滋贺县近江八幡市冲岛町 188

❷ 冲岛渔业协同组合

码头右手边像仓库般的建筑就是冲岛渔业协同组合，除了放置渔获，还设置了简易食堂，售有冲岛的特色便当、乌龙面、各种佃煮，等等，也有可以当伴手礼的当地干货。

滋贺县近江八幡市冲岛町 43 番地 / www.biwako-okishima.com

冲岛旅游情报

如何前往冲岛

若从关西主要的观光都市京都前往冲岛，须先搭乘 JR 在近江八幡站下车，转搭约 40 分钟的巴士后再转搭前往冲岛的冲岛通船，JR 部分可使用关西广域铁路周游券。

从京都出发

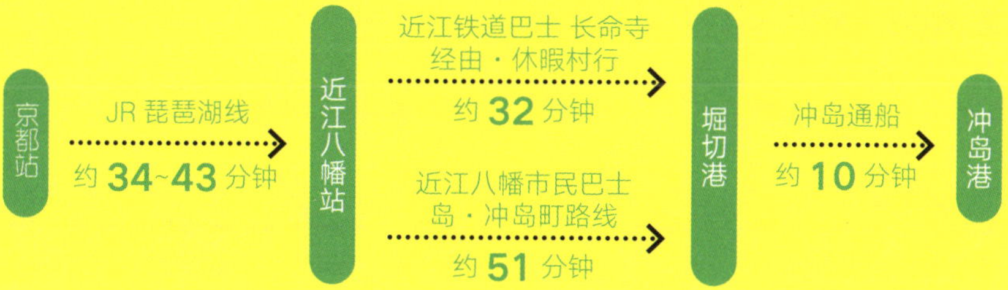

交通费用

由京都站往近江八幡站为 670 日元、由近江八幡站往堀切港的巴士为 710 日元（近江铁道巴士）或 200 日元（市民巴士）、由堀切港往冲岛港的船资为 500 日元。

注意事项

- 从京都到冲岛的铁路、航班都算多，需要特别注意的是从近江八幡站到港口的巴士班次较少。
- 从近江八幡站往堀切港共有两种巴士可以搭乘，其中近江铁道巴士票价较贵、车程时间较短，市民巴士票价较便宜，车程时间较长，且只有平日行驶。详细时刻表请参考下页。
- 堀切港与冲岛港之间每天有 10~12 班船往返，详细时刻表请参考后方页面。如果开车前往，堀切港内的停车场并未开放给观光客，需遵循“冲岛町来岛者用驻车场”指标至指定停车场停车，步行至港口约 5 分钟。
- 冲岛通船的船票可在船上的自动售票机购买，若无自动售票机也可向船务人员购票。

近江八幡站⇔堀切港巴士时刻表

- 近江八幡站→堀切港　近江铁道バス长命寺经由・休暇村行

近江八幡驿		堀切港	
平日	假日	平日	假日
8:45	8:40	9:17	9:12
9:45	9:40	10:17	10:12
	11:40		12:12
14:45	14:40	15:17	15:12
15:45	15:40	16:17	16:12

◦ 2019 年 3 月之时刻表，最新时刻表请查询近江铁道巴士网站（见下方）。

- 堀切港→近江八幡站　近江铁道バス长命寺经由・休暇村行

堀切港	近江八幡驿
9:29	10:09
10:29	12:09
12:29	15:09
15:29	16:09
16:29	17:09

◦ 2019 年 3 月之时刻表，最新时刻表请查询近江铁道巴士网站（见下方）。

- 近江八幡站北口→堀切　市民バス（あかこんバス）　岛・冲岛町コース

近江八幡驿北口	堀切
8:40	9:31
11:20	12:11
13:20	14:11
15:20	16:11
17:35	18:23

◦ 仅平日运行。为 19 人小巴，坐满就不再载客。

◦ 2017 年 6 月之时刻表，最新时刻表请上近江八幡市网站查询（见下方）。

- 堀切→近江八幡站北口　市民バス（あかこんバス）　岛・冲岛町コース

堀切	近江八幡驿北口
7:45	8:35
9:31	10:22
12:20	13:11
14:20	15:11
16:20	17:11

◦ 仅平日运行。为 19 人小巴，坐满就不再载客。

◦ 2017 年 6 月之时刻表，最新时刻表请上近江八幡市网站查询（见下方）。

JR 西日本 www.westjr.co.jp/global/tc/

近江铁道巴士（近江铁道バス）www.ohmitetudo.co.jp/bus/

市民巴士（あかこんバス）

www.city.omihachiman.shiga.jp/category_list.php?frmCd=31-0-0-0-0

冲岛通船（参考冲岛观光网站）montekite.com/ferry/

堀切⇔冲岛航班时刻表

- 堀切→冲岛

堀切港	冲岛港	备注
7:15	7:25	周日停驶
7:45	7:55	周日停驶
8:15	8:25	
9:15	9:25	○
10:15	10:25	○
12:15	12:25	○
14:15	14:25	○（平日）
16:15	16:25	○
17:15	17:25	○
18:30	18:40	○
19:45	19:55	
21:00	21:10	

◎ 打○为时间上方便与巴士接驳的航班。

- 冲岛→堀切

冲岛港	堀切港	备注
7:05	7:25	周日停驶
7:30	7:55	周日停驶
8:00	8:25	
9:00	9:25	○
10:00	10:25	○
12:00	12:25	○
14:00	14:25	△
16:00	16:25	○末班巴士
17:00	17:25	
18:10	18:40	
19:30	19:55	
20:45	21:10	

◎ 打○为方便与巴士接驳的航班，△为等待时间较长的航班。

冲岛基本信息

冲岛虽然和其他猫岛相较之下还算热闹，但除了渔协外餐厅不多，且多是预约制或只有周末营业，因此如果打算在岛上待比较久，还是准备一点小食比较好喔！

餐厅、咖啡店： 3 间左右

住宿： 1 间

商店： 3 间左右

岛上交通： 徒步

公共厕所： 2 处

自动贩卖机： 2 处

冲岛町离岛振兴推进协议会

montekite.com

冲岛俱乐部（おきしま倶楽部）

www.okishima.org

Erica的一日散策

难得来到滋贺县，除了冲岛，也别错过附近充满情调的近江八幡，
好好享受不同于京都、让人身心一畅的美丽大自然风景。

7:52

从**京都站**搭乘7:52的**JR琵琶湖线新快速**，在8:28抵达**近江八幡站**（670日元）。

8:45

抵达近江八幡站后，步行前往**近江八幡约北口的6号巴士站牌**，搭乘8:45发车、标示**“长命寺经由·休暇村行”的近江铁道巴士**（710日元），在9:17抵达堀切港。

9:15

搭乘9:15由**堀切港**出发的**冲岛通船**，船票可在船上购买。

NOTE：船原则上会稍等一下巴士，若巴士慢太多，船已开走，可改搭10:15的航船。

9:30

抵达**冲岛港**。在港口就能看到不少猫儿，渔协附近也有猫咪聚集喔！

10:10

右转往**冲岛小学校**的方向前进。路旁的民家建筑显得古色古香，不时还能看到猫咪的踪迹。冲岛小学校的建筑也蛮美的喔！

NOTE：沿路的咖啡杂货店汀の精只在周末营业，开门时间是10:30，回程时可以小坐一下。

11:00

往岛的北面探险吧！先往回走后到港边的老神社**奥津岛神社**看看，接着穿过巷弄，从冲岛的**北面**可以欣赏到**辽阔的琵琶湖景**。

12:00

搭乘12:00的**冲岛通船**，约**12:10**返回**堀切港**。搭乘**12:20的市民巴士**或**12:29的近江铁道巴士**，搭乘20多分钟后，在**元八幡站**或**大杉町八幡山ロープウェー口站**下车，步行前往**八幡堀水乡**（市民巴士200日元、近江铁道巴士620日元）。

13:00

八幡一带是江户时期有名的商人之城，白壁黑瓦的商家建筑、石叠小路和八幡堀古运河，景色诗意极了。中午不妨在运河旁的老店**千成亭**，品尝三大和牛之一、产于滋贺县的美味**近江牛**！

NOTE：千成亭周二休息，中午最后点餐时间为 14:30。

14:30

饱餐一顿后，在新町一带走走逛逛，部分建筑开放内部参观（属于市立资料馆的一部分，需另买门票）。别忘了走到古老的**日牟礼八幡宫**看看。八幡宫前一左一右的两家甜点店**たねや**与**Club Harie**，都是大排长龙的本地名店喔！

16:40

从八幡堀水乡的**新町站牌**或**大杉町站牌**搭乘巴士，返回**近江八幡站**。巴士还算频繁，约10~15分钟有一班车（220日元）。

17:24

抵达近江八幡站后，搭乘17:24发车的**JR琵琶湖线新快速**，在18:06回到**京都站**（670日元）。

18:10

与京都车站共构的伊势丹百货和Porta分别营业至20:00和21:00，可以继续在此逛街购物。晚餐推荐车站内**中村藤吉**的抹茶荞麦面，或是有多间拉面名店可供选择的**京都拉面小路**。

东港下船不久后，就看到一只美丽的深灰色猫咪。

05

热门打卡点的艺术之岛

佐久岛

さくしま　Sakushima

蓝天大海、
充满现代感的艺术作品、
历史悠久的古老村落，
以及港边悠闲自得的猫咪。
佐久岛宁静独特的姿态，
悄悄吸引着各地的旅人。

止まれ

见见佐久岛的可爱猫咪们！

在东港附近聚落里的猫咪稍微怕生一点。

原本在跟我玩的橘猫，一看到阿嬷来就跟着走了。

东港巷弄里的猫咪们。

佐久岛快速导览

西港
海鸥停车场
(カモメの駐車場)
午睡之家
(おひるねハウス)
愛ランド自行车租借
东港
东方之家
(イーストハウス)

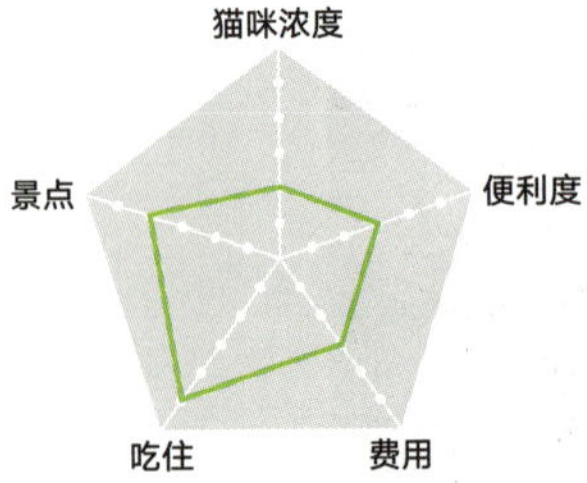
猫咪浓度
景点
便利度
吃住
费用

瀬户内国际艺术祭慢慢闯出名号，不过位于名古屋近郊的三河湾，还有个较不为人知的艺术之岛，那就是佐久岛。岛上有22件公共艺术作品，其中最令人印象深刻的，应该要数2004年由艺术家南川祐辉所打造的午睡之家（おひるねハウス）吧！ 这座使用黑色木头所打造、九宫格造型的大型作品，以岛上古老的黑壁聚落为灵感，伫立在蓝天碧海之间，参观者还可以沿着梯子爬进格子间，或坐或卧，享受属于自己的海景与浪声。2010年，南川祐辉在岛屿的另一头打造了纯白的东方之家（イーストハウス），一样可由不同角度眺望海景，和午睡之家一起成为深受日本年轻人喜爱的IG(社交软件 Instagram 的缩写）拍照点之一。

佐久岛面积约1.81平方千米，现在的人口约260人。岛上留有弥生、绳纹和古坟时代的文物遗迹，在史书中多有记载。江户时代，此地因海运而兴盛，在20世纪初，居民一度超过1500人，之后随着岛民外出工作而人口渐减，只留下黑壁老屋聚落，记忆着昔日风华。这样独特的人文风情，也让佐久岛入选为日本乡村百选之一。

由于面积不大、地形平坦，佐久岛很适合在港口租借脚踏车后一路边骑边逛。岛上共有一东一西两个港口，从任何一个港口下船开始逛都没关系，不过如果想早点见到岛上的猫咪，比较建议在东港下船。东港附近的民家聚集了十多只猫咪，只不过佐久岛的猫们多数比较怕生一点，记得温柔地跟它们打招呼表达善意，这样它们才会放下戒心来靠近你喔！

猫咪集中地

东港、西港。

佐久岛景点

❶ 午睡之家

おひるねハウス

距离西港步行约 15 分钟的午睡之家是岛上最知名的艺术作品，还曾在 2010 年的电影《名侦探柯南：天空的遇难船》中登场。欢迎所有人走进艺术品中，拥有自己的一小片风景。

爱知县西尾市一色町佐久岛石垣

❸ 海鸥停车场

カモメの駐车場

艺术家木村崇人把海鸥喜欢成群排排站的习性转换成装置艺术，并把作品幽默地命名为“海鸥停车场”，不只从远处看，还可以走进海鸥群中拍照喔。

爱知县西尾市一色町佐久岛古々畑

❷ 东方之家

イーストハウス

东方之家位于佐久岛本岛通往大岛的栈桥之上，以白色方格建筑与近60米的纯白色步道，映衬出阳光与大海开朗明亮的气氛，与海湾对岸黑色的午睡之家遥遥相望。

爱知县西尾市一色町佐久岛大岛

佐久岛

佐久岛食事处

サクカフェ aohana

常登上杂志介绍的古民家咖啡。夏天有刨冰，平时则供应甜点、饮品与午餐。

爱知县西尾市一色町佐久岛前田45番地 / 平日12:00~18:00、周末、假日9:30~18:00 / 11月中旬~2月中旬、雨天休 / ohana.work/

カフェ百一

古民家的自家烘焙咖啡店，也供应甜点。从店内能看见港口海景。

爱知县西尾市一色町佐久岛西側7 / 9:00~18:00 / 周二休，另有不定时休息

Cafe OLEGALE

位于主干道沿线的咖啡店，提供甜点、饮品，以及使用岛上海鲜的料理。

爱知县西尾市一色町佐久岛下远田34 / 11:00~17:00 / 周三休

铃屋食堂

东港边售有岛上名物大蛤蛎丼的食堂。提供各种使用岛上新鲜渔产的海鲜料理。

爱知县西尾市一色町佐久岛中屋敷45

佐久岛旅游情报

如何前往佐久岛

前往佐久岛，很适合以中部大都市名古屋为据点，来趟一日来回的艺术之旅。从名古屋站出发，须先搭乘名古屋铁道（名铁）至西尾站，转搭巴士至一色港后，再转搭往佐久岛的船班。

从名古屋出发

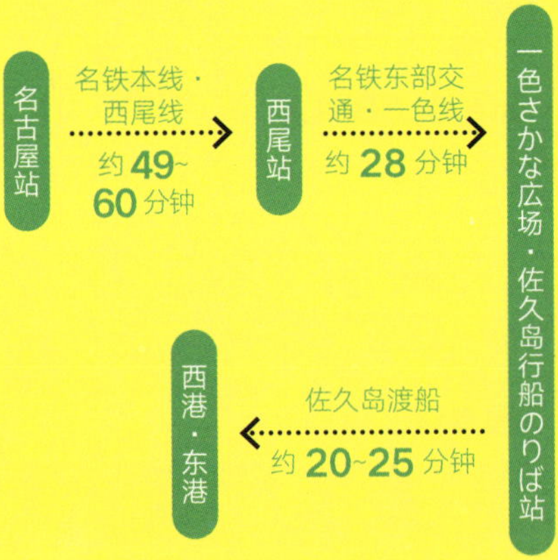

交通费用

由名古屋站往西尾站为 790 日元、由西尾站往佐久岛行船乘船处（一色港）的巴士为 510 日元、由一色港往西港或东港的船资为 820 日元。

注意事项

- 从名古屋站前往西尾站的名铁，大部分班次需在新安城站转车，也有少部分不需转车的班次。
- 船票可在一色港渡船待合所购买，有人工或自动售票机，可直接买来回船票 1640 日元。

名古屋铁道 www.meitetsu.co.jp/cht/
名铁东部交通
www.meitetsu-toubukoutsu.com/bus.html
佐久岛渡船 sakushima.com/guide-top/access

西尾站⇔一色港巴士时刻表

• 西尾站→一色港

西尾	一色さかな広场・佐久岛行船のりば
8:40	9:08
10:15	10:43
12:45	13:13
14:45	14:13

• 一色港→西尾站

一色さかな広场・佐久岛行船のりば	西尾
9:18	9:48
11:05	11:35
13:23	13:53
15:35	16:05

◦ 本表为 2017 年 10 月之时刻表，最新时刻表请查询名铁东部交通网站（见左页）。

一色港⇔佐久岛航班时刻表

• 一色港→西港→东港

一色港	佐久岛西港	佐久岛东港	备注
6:30	6:50	6:55	
7:40	8:00	8:05	
9:30	9:50	9:55	○
11:30	11:50	11:55	△
13:40	14:00	14:05	○
15:50	16:10	16:15	
17:50	18:10	18:15	

• 东港→西港→一色港

佐久岛东港	佐久岛西港	一色港	备注
7:00	7:07	7:27	
8:30	8:37	8:57	○
10:10	10:17	10:37	○
12:30	12:37	12:57	○
14:50	14:57	15:17	○末班巴士
17:15	17:22	17:42	
18:20	18:27	18:47	

◦ 依照当日天气，船班可能停驶或调整时刻。

◦ 最新时刻表请见佐久岛渡船网站。

佐久岛基本信息

餐厅、咖啡店： 10 间以上

住宿： 7 间

商店： 4 间左右

岛上交通： 徒步

公共厕所： 6 处

自动贩卖机： 主要在港口边

佐久岛官方网站 sakushima.com

Erica 的一日散策

白天一早出发上岛，下午再回到名古屋继续市区的观光行程。
也可以选择在岛上待久一点，搭乘晚一点的船班返回本岛。

7:22

从名铁**名古屋站**搭乘 7:22 发车的**名铁名古屋本线列车**，在**新安城站**转车，前往**西尾站**（790 日元）。

8:15

抵达西尾站后，步行前往**西口的 2 号巴士**站搭乘 8:40 发车、往**“一色さかな広场”方向名铁东部交通・一色线巴士**，在 9:08 抵达**一色さかな広场・佐久岛行船のりば站**（510 日元）。

9:30

搭乘 9:30 出发的**佐久岛渡船**，在佐久岛**东港**下船（来回 1640 日元）。

9:55

抵达东港。如果想要充分利用时间，可以选择在港口边租脚踏车（3 小时 800 日元），配合行程也能在西港还车。港边就能看见猫咪的踪影！

10:10

拿份岛上地图，开始沿路拜访艺术品吧！东港不远处就是**东方之家**，沿路还遇到也是艺术作品一部分的可爱山羊！

11:00

如果有兴趣的话，也可以顺便找找结合艺术品与岛上寺院的**佐久岛弘法遍路景点**。

11:40

岛上东西两港附近都有**老屋聚落**。在曲折的巷弄间走逛充满情调。也可以找间喜欢的咖啡店，优哉享受岛屿风情。

12:37

在**西港**搭乘 12:37 由西港出发的**佐久岛渡船**，于 **12:57** 回到**一色港**。

NOTE：若在佐久岛上没有用餐，可步行前往港口旁的市场“一色さかな広场”享用著名的三河湾海鲜料理，并改搭晚一班 15:35 的巴士（星期三休）。

13:23

搭乘 13:23 往西尾方向的**名铁东部交通·一色线巴士**，于 **13:53** 抵达**西尾站**。

14:00

搭乘 14:00 发车的**名铁西尾线急行**前往**名古屋**，于 **14:50** 抵达**名铁名古屋站**（790 日元）。

NOTE：如果太赶的话，14:11、14:30 都还有车，可以不用着急。

15:00

名古屋是个逛街的好地方！名古屋站附近就有不少百货，也可以搭地铁前往最热闹的**荣町商圈**或很有特色的**大须商店街**。

18:00

炸鸡翅是名古屋的知名料理之一。而闻名的炸鸡翅连锁店**風來坊**和**世界の山ちゃん（世界的山将）**都很好吃！

19:00

酒足饭饱之后，可以前往造型特别的**绿洲 21**，悠闲逛街兼欣赏名古屋夜景

NOTE：营业至 22:00。

觉得猫岛太远的话，就来这里吧！

京都猫景点

彩蛋 02

京都附近的猫岛只有冲岛一处，如果想看猫又挪不出一整天的时间离开京都，该怎么办呢？ 我最常去的地方，就是梅宫大社和哲学之道。

梅宫大社位于右京区，虽然也在京都市区，但附近没有其他知名景点，若非特意前往，比较不容易顺路经过，因此观光客向来不多。

这间有着1300 年历史的神社，是古代望族橘氏一家的守护神社，主要祭祀司掌安产与酿酒的神明，并和平安神宫一样设有神社的花园“神苑”。平安时代，檀林皇后曾在梅宫大社求得子嗣，因此这里又以求子知名。在我多次来访的过程中，曾看过一起来参拜或参加神社仪式的年轻夫妻。而除了这些外，梅宫大社一如其名，在西神苑里种植了约500棵梅花树，是京都排名前几名的赏梅地点。此外还有樱花、杜鹃、山茶等各种不同的季节花朵可以欣赏。

梅宫大社里一共住了十多只猫咪，平时由神社的工作人员喂食照顾。来到这里，可以看

健康御守
５００円
御浄
二百円を
摂社「護王社
の式年修復
を御願い致

到猫咪们一脸自信地挡住御守授予所的窗口、睡倒在赛钱箱上、得意地把自己塞在石灯笼空洞处，或在神社走廊甚至内殿自由走来走去，等等，各种有趣又可爱的画面。这里的猫咪因为受到妥善照顾，都有点儿幸福肥，面对观光客和镜头也都不太怕生，相当友善。

前往梅宫大社，可以搭乘京都士巴士的3、28、29、71 等路线在“梅ノ宫神宫”前站牌下车，或搭乘阪急电铁岚山线在松尾大社下车，步行约15 分钟。

另一处猫景点是哲学之道，这就是京都相当有名的景点了。这段位于琵琶湖疏水道旁、约2千米的散步道，因为是哲学家西田几多郎所喜爱的散步道而有了这个名字。

石板步道沿着中间的流水铺设，两边种的都是吉野樱，沿途有银阁寺、法然院、菩提山正觉寺、熊野若王子神社、永观堂禅林寺、南禅寺等寺院或神社可以参观。每年4月樱花季，是这里人潮最多的时候。

位于哲学之道南段的菩提山正觉寺到熊野若王子神社一带，是京都市区最多街猫聚集的地方。猫咪其实不喜欢人潮，因此，若在樱花季造访，可以趁一大早去这里看看，运气好的话，可以拍到猫咪优哉赏樱的浪漫画面。在早上或傍晚，有时也能看到悠闲骑着车来这里喂猫的当地人。

我在哲学之道见过最多猫的一次，是在某个初秋傍晚。随着人潮散去，猫咪从菩提山正觉寺附近的山坡边一只一只地冒出来，让我惊喜不已。下次去京都，也把猫咪安排进你的行程之中吧！

梅宫大社

京都市右京区梅津フケノ川町30 / 御守9:30～16:30、神苑9:00～17:00 / 神苑550日元 / www.umenomiya.or.jp。

哲学之道

京都市左京区。

三花猫与真锅岛的特色黑壁建筑。

06

跟着猫咪走在电影场景中

真锅岛

まなべしま　Manabeshima

保有日本传统渔村风景的真锅岛，
曾是电影甚至国外漫画的取景地，
也是日本乡村百选之一。
一抵达港口，
就能看见为数众多的猫咪或坐或卧，
悠闲地迎接来客。

见见真锅岛的可爱猫咪们！

（上）可爱的神秘太太本人。
（下）岛上随意转弯处都能遇到猫咪。

真锅岛上的神秘太太带我去的猫咪聚集地。

简直是复制粘贴的
奶牛猫一家人。

真锅岛

摄于真锅岛的港口附近。

圆福寺下有讨债集团般的一大群猫咪。

真锅岛
快速导览

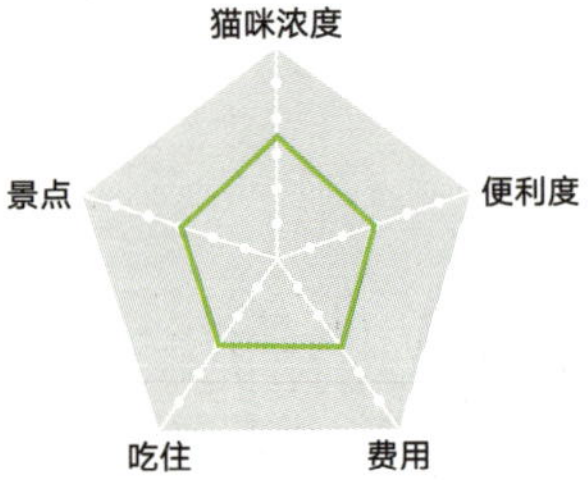

在冈山县西端，共有31座岛屿散落海湾间，合称为笠冈诸岛。由于地处濑户内海北上的水路要冲，岛上的历史大多可追溯到平安时期，现在有7座岛屿有人居住，真锅岛就是其一。

真锅岛上有历史悠久的神社、传统祭典和古城遗迹，而最大特色，就是从船上就能看见的旧时渔村聚落，不但曾被指定为冈山县“故乡之村”、《朝日新闻》日本乡村百选，还曾被法国插画家弗洛朗·夏福埃（Florent Chavouet）当成绘本主题，是旅游业较为发达的猫岛之一。

真锅岛也以猫闻名，岛上猫有近百只，像我一样特地来找猫咪的游客也不在少数。单是在港口边，就常有二十多只猫聚集，而且这里的猫咪非常不怕生，甚至会主动过来呼噜撒娇，真是可爱极了！在岛上散步，常能发现猫咪踪影，不过比起港口边的猫咪就稍微有戒心一点。

其中有一回造访真锅岛时，发生了一段让我印象深刻的奇遇：负责卖船票的当地太太，在发现我是一个女生来拍猫之后，就对我招招手要我等她，等忙得告一段落后，她领着我弯进了地图上找不到的小巷，去看躲在巷底的一大群猫咪，接着还带我去参观了真锅中学校内等景点，最后还领着我回家，请我喝咖啡吃甜点，可说是当地人带路的私房之旅吧！让我深刻感受到这里特有的友善和热情。

真锅岛面积为1.49平方千米，靠步行就能轻松逛完。

猫咪集中地

真锅岛港、圆福寺、往真锅中学校的沿路。真锅岛上猫口众多，在岛上各处都有可能发现猫咪的踪影喔！

真锅岛景点

❶ 真锅岛港（本浦港）

真锅岛的主要港口，港口附近也是岛上的主要聚落所在地。虽然岛上到处都有猫，但本浦港周边是猫咪最大的聚集地，港边的青山绿水让人心情放松，这一带也有几间食堂。

冈山县笠冈市真锅岛

❷ 圆福寺

795 年由弘法大师亲建的古刹，地势略高，景色宜人。通往寺院的阶梯下方是猫咪的聚集地，有耐心地接近它们之后，猫咪们甚至会陪你一起爬上圆福寺呢！

冈山县笠冈市真锅岛 2671

❸ 真锅中学校

建于 1949 年的木造校舍气氛古朴、保存完好，令人有种时光倒流的错觉，也曾是电影的拍摄场景之一。目前全校的学生一共 3 人，参观时记得保持安静，不要打扰到上课喔。

冈山县笠冈市真锅岛 4240

真锅岛食事处

渔火

岛上最知名的餐厅，可以尝到新鲜美味的海鲜料理。用餐需事前预约。

冈山县笠冈市真锅岛本浦 4476-1 / 11:00~18:00 / 周日休息

モトエカフェ

老屋改建的民宿兼咖啡店，提供自家烘焙咖啡、蛋糕和咖喱饭。

冈山县笠冈市真锅岛 4073 / 约 11:00~17:30 / 不定时休息 / manabeshima.info

真锅岛旅游情报

如何前往真锅岛

前往的笠冈诸岛的船班，都是由笠冈港的住吉乘船场发船，其中前往真锅岛的船会沿途停靠高岛、白石岛和北木岛，最后才是真锅岛。

从冈山站出发

冈山站 → JR 山阳本线 约 **44** 分钟 → 笠冈站 → 步行 约 **8** 分钟 → 住吉乘船场 → 三洋汽船・笠冈一佐柳本浦航路 约 **44~70** 分钟 → 真锅岛港（本浦港）

交通费用

由冈山站往笠冈站为 760 日元、由住吉乘船场往真锅岛的船班分成普通船和高速船，船票分别为 1020 日元和 1760 日元。

注意事项

- 在住吉乘船场一共有两条航线，一条是前往真锅岛的“笠冈一佐柳本浦航路”，另一条则是前往其他四个笠冈有人岛的“笠冈一飞岛一六岛航路”。
- 前往真锅岛的三阳汽船分成普通船和高速船，普通船停靠的港口较多，因此，时间较长、船票也比较便宜。高速船时间较短、船票较贵。
- 仅限周六，有一班由真锅岛前往另一个邻近猫岛佐柳岛的船班，如果想一次玩两个猫岛的话，会是很好的选择。

笠冈⇔真锅岛⇔佐柳岛航班时刻表

- 笠冈→真锅岛→佐柳岛 三洋汽船·笠冈—佐柳本浦航路

笠冈（住吉）	真锅岛（本浦）	佐柳岛（本浦）	备注
7:25	8:09		高速船
8:10	9:22		普通船
9:10	9:54		高速船
11:20	12:25		普通船
12:30	13:14		高速船
	14:30	14:50	仅周六行驶
14:20	15:30		普通船
16:30	17:14		高速船
17:50	19:00		普通船

- 佐柳岛→真锅岛→笠冈 三洋汽船·笠冈—佐柳本浦航路

佐柳岛（本浦）	真锅岛（本浦）	笠冈（住吉）	备注
	6:30	7:37	普通船
	8:15	8:59	高速船
	9:22	10:28	普通船
	11:40	12:24	高速船
	13:30	14:14	高速船
14:50	15:10		仅周六行驶
	15:30	16:20	普通船
	16:35	17:37	普通船
	17:28	18:12	高速船

- 本表仅列出相关的主要港口，省略中间停靠的其他岛屿。
- 真锅岛还有另一个港口岩坪港，但停靠船班较少，此处仅列出主要港口本浦港。
- 真锅岛往返佐柳岛的船班仅在周六行驶。

真锅岛基本信息

真锅岛上有餐厅和民宿，只是餐厅大部分都不定时休息，建议还是准备一点食物在身上比较保险。岛上有自动贩卖机可买饮料，也可以先在笠冈站的便利商店购买。

餐厅、咖啡店： 4 间左右

住宿： 3 间左右

商店： 1 间

岛上交通： 徒步

公共厕所： 3 处

自动贩卖机： 3 处

笠冈市观光联盟
www.kasaoka-kankou.jp/island/manabeshima

JR 西日本 www.westjr.co.jp/global/tc/
三洋汽船 sanyo-kisen.jp

Erica 的一日散策

以冈山站为出发点的行程。在真锅岛逗留的时间约两个半小时，下午则可以在美丽的仓敷老街度过。

7:57

从**冈山站**搭乘 7:57 的 **JR 山阳本线·福山行**，在 8:41 抵达**笠冈站**（760 日元）。

9:10

从笠冈站穿越铁路地下道、步行约 8 分钟可抵达**笠冈港的住吉乘船场**。在此购买船票后搭乘 9:10 出发、**笠冈一佐柳本浦航路的高速船**，在**真锅岛的本浦港**下船（1760 日元）。

9:54

抵达真锅岛。本浦港边就有不少猫咪聚集，可以先和猫咪玩耍一番。

10:25

步行约 5 分钟，去**圆福寺**参观顺便赏猫。虽然要爬一段小坡，但风景很美。可以在通往圆福寺之前的小巷里绕绕，这边也有不少猫喔！

10:45

前往**真锅中学校**。古老的木头长廊和校舍建筑，令人回忆起童年时光。

11:10

距离乘船时间还很充裕，在岛上四处逛逛吧，从本浦港走到北边的岩坪港大概也只需 20 分钟。中午饿了可以吃自备的食物，或是看看港边的船出食堂或モト工咖啡是否有营业。

13:30

搭乘 13:30 出发的**三阳汽船高速船**返回笠冈，船票在出发 15 分钟前开始贩售（1760 日元）。

14:46

于 14:14 抵达笠冈港的住吉乘船场。搭乘 14:46 发车的 JR 山阳本线・冈山行，于**仓敷站**下车（500 日元）。

15:13

抵达仓敷站。从车站步行前往**仓敷美观地区**，不但有美丽如画的运河街景，还有不少有趣的小店可逛。

17:45

回到仓敷站，搭乘往冈山方向的 JR，约 18 分钟就可回到冈山（320 日元）。还有力气的人也可以到仓敷站北口的两个大型商场 Ario 或三井 outlet 继续逛街。

NOTE：Ario 营业至 21:00、三井 outlet 营业至 20:00。

周六限定的跳岛玩法

如果遇到周六，可以考虑冈山、真锅岛、佐柳岛到香川的跳岛行程。

前往真锅岛后，搭乘下午 14:30 的船班前往佐柳岛，玩完佐柳岛后，搭船往香川县的多度津港。可以携带两天一夜的简单行李，在香川县的城市如高松等地住一晚，从多度津港搭车返回冈山可搭乘 JR，最快仅需 42 分钟。佐柳岛相关行程请参考 P133。

丰岛美术馆前
超级亲人的网红橘猫。

07

在艺术之间与猫相遇

丰岛

てしま Teshima

瀬户内海的艺术诸岛中，
以丰岛和直岛最为出名。
岛上艺术作品以丰岛美术馆为首，
周围是宁静的濑户内海。
某次到访时，意外发现这里猫其实也不少，
因此特别把这座岛屿也收录在猫岛之中。

见见丰岛的可爱猫咪们

丰岛港口边排排站的猫咪。

丰岛
快速导览

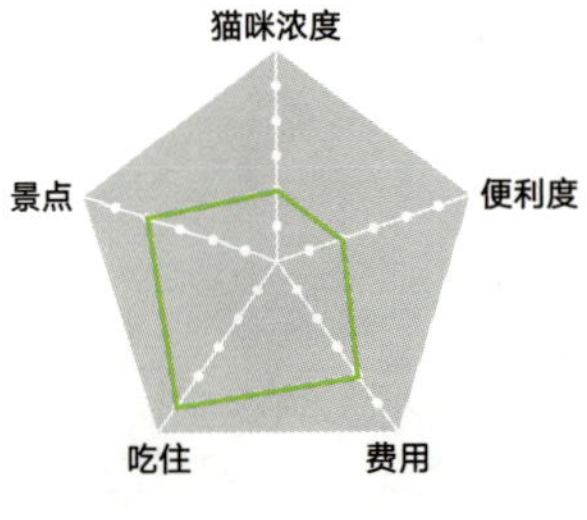

面积约14.4 平方千米的丰岛，在这次介绍的猫岛中算是较大的，在濑户内海诸岛中大小排名第二，现在以艺术之岛之姿，闻名日本海内外。

如果从冈山的宇野港出发，船班会先停靠在比较热闹的家浦港，之后才是西侧的唐柜港。从家浦港下船后，第一个十字路口的简餐咖啡厅“シーサイド大西”附近，就是丰岛最多猫咪聚集的地方，以橘猫为主的十多只猫常在此逗留，还有少数几只虎斑跟黑白猫咪。丰岛上的猫们彼此感情很好，就算天气不冷也会硬挤在一起睡觉，真是可爱极了！ 岛上居民也感觉对猫相当友善，我曾看过猫咪们瞬间蜂拥而上、围着刚下车的当地老伯伯喵喵叫，也看过居民拿出大袋猫粮喂食，因此，这里的猫儿看起来很放松，也不太怕生。

虽然濑户内国际艺术祭是三年一度，但许多大型的常态艺术作品在非艺术祭期间也能自由参观，而且少了人潮，更能细细欣赏。家浦港距离丰岛横尾馆相当近，步行到大伸竹朗的针工厂也只要10分钟，附近有不少小餐馆与特色咖啡店。

岛上可以步行搭配巴士，或是租脚踏车游逛，需留意的是岛上地形起伏较大，如果对体力较没自信的人，可以考虑租借电动脚踏车。

丰岛上的常态艺术作品众多，其中最不容错过的就是丰岛美术馆，另外提供岛上妈妈们的手做美味料理、空间本身也是艺术作品的岛厨房也令人印象深刻。

猫咪集中地
家浦港、岛厨房附近。

丰岛景点

❶ 丰岛美术馆

纯白水滴形状的美术馆，由曾获得建筑界最高荣誉普利兹克奖的西泽立卫与艺术家内藤礼所共同设计，最特别之处在于丰岛美术馆本身就是艺术品。这也是我在丰岛上最喜欢的艺术作品。

香川县小豆郡土庄町丰岛唐柜 607 / 10:00~17:00（11 月至 2 月 ~16:00，最后入馆时间为闭馆前半小时）/ 3 月至 11 月周二休，12 月至 2 月星期二、星期三、星期四休 / 1540 日元 / benesse-artsite.jp / 濑户内国际艺术祭期间营业时间可能有异，出发前请查询网站。

❷ 岛厨房

岛厨房提供的餐点是由岛上妇女与丸之内饭店大厨合作开发菜色，并以当地食材制作而成，非常受好评。餐厅本身是由安部良所设计，环抱着大树的开放式屋顶相当具有特色。

香川县小豆郡土庄町丰岛唐柜 1061 / 11:00~16:00，午餐最后点餐时间为 14:00 / 原则上星期二至星期五休息，每个月的营业时间请参考网站 www.shimakitchen.com。

❸ 针工厂

艺术家大竹伸朗的作品。将宇和岛造船厂废弃 30 年的木船骨架放进了停业多年的旧钩针工厂中，令人感受到岁月痕迹的装置艺术。

香川县小豆郡土庄町豊岛家浦字中村 1841-2 / 10:30~16:30 / 510 日元 / 休馆时间及艺术祭期间的营业时间，请参考网站 benesse-artsite.jp/calendar/。

❹ 丰岛横尾馆

由艺术家横尾忠则与建筑师永山祐子共同设计的作品。利用古民房既有的格局和空间，摆设了 11 件摄影作品。大胆的配色和展示方式，令人耳目一新。

香川县小豆郡土庄町丰岛家浦 2359 / 510 日元 / 开馆时间与信息同丰岛美术馆。

丰岛旅游情报

如何前往丰岛

濑户内艺术祭期间会涌进大量观光人潮，船班跟巴士班次都会增加，右页列出的交通信息以平日为主，若是艺术祭期间造访丰岛的话，交通信息请参考右下方艺术祭的官方网站。

从冈山站出发

冈山站 → JR 宇野线 约 45~55 分钟 → 宇野站 → 步行 约 3 分钟 → 宇野港 → 小豆岛丰岛渡轮 约 25~40 分钟 → 家浦港

交通费用

由冈山站往宇野站为 580 日元、由宇野港往家浦港的船资为 770 日元。

注意事项

- 从冈山站往宇野站，大部分班次需要在茶屋町站转车。
- 遇到周六，冈山站到宇野站之间有班直达车的观光列车 La Malle de Bois 旅の道具箱行驶，有兴趣的话，可参考网站上的时刻表：www.jr-odekake.net/navi/kankou/area_okayama/lamalledebois
- 宇野港往家浦港的船班分为旅客船和渡轮（ferry）两种，旅客船的航程约 25 分钟，渡轮则需 40 分钟，票价相同。旅客船跟渡轮在宇野港的乘船处不同，请注意指标。
- 从高松亦有另一家船公司的航班可以前往丰岛，不过由于班次较少、价钱也较贵，这里仅介绍从宇野出发的部分。该船班路线为高松—直岛—丰岛，因此若想串联直岛与丰岛行程时，不妨加以利用。

宇野—丰岛航班时刻表

• 宇野→丰岛 小豆島豊島フェリー

宇野港	家浦港	唐柜港	备注
6:45	7:25	7:45	渡轮
8:40	9:05	9:20	旅客船
11:10	11:50	12:10	渡轮
11:35	12:00		旅客船
13:25	13:50	14:05	旅客船
15:25	16:05	16:25	渡轮
17:30	17:55	18:10	旅客船
19:30	20:10		渡轮

• 丰岛→宇野 小豆島豊島フェリー

唐柜港	家浦港	宇野港	备注
	6:00	6:40	渡轮
7:40	7:55	8:20	旅客船
9:10	9:30	10:09	渡轮
10:50	11:05	11:30	旅客船
	12:30	12:55	旅客船
13:40	14:00	14:39	渡轮
16:10	16:25	16:50	旅客船
18:20	18:40	19:19	渡轮

- 船班停靠丰岛的家浦港、唐柜港后，会继续开往小豆岛的土庄港。
- 唐柜港离丰岛美术馆较近，家浦港则为丰岛主要港口，可依行程需求选择港口。

丰岛基本信息

以艺术为主要特色的丰岛，餐厅、住宿等都相当丰富。需要特别注意因为岛上的主要景点丰岛美术馆周二休馆，大部分的餐厅周二也都跟着休息。

餐厅、咖啡店： 10 间以上

住宿： 10 间以上

商店： 5 间以上

岛上交通： 徒步、公交车（单程票价 200 日元）

公共厕所： 3 处，美术馆、餐厅内亦有厕所

自动贩卖机： 很多

自动贩卖机：很多丰岛观光信息
teshima-navi.jp

丰岛观光协会 www.teshima-web.jp

濑户内国际艺术祭
setouchi-artfest.jp/tw

JR 西日本 www.westjr.co.jp/global/tc/

小豆岛丰岛轮渡（小豆島豊島フェリー株式会社）
www.shodoshima-ferry.co.jp

Erica 的一日散策

以下是由冈山来回的行程。其实行程若有余裕，蛮建议在丰岛或直岛上住一晚，可以悠闲欣赏艺术品，并更深入感受岛上缓慢的生活步调。

7:40

从冈山站搭乘 7:40 的 **JR 宇野线・宇野行**在宇野站下车，于 8:25 抵达宇野站（580 日元）。

NOTE：这班车直达宇野站，不用转车。

8:25

从宇野站步行 3 分钟，抵达**小豆島豊島フェリー乘船场**。购票后搭**乘 8:40 的旅客船**，在丰岛的**家浦港**下船（770 日元）。

9:05

抵达家浦港。先走到附近的简餐咖啡厅**シーサイド大西**找猫咪玩耍。

10:05

从家浦港搭乘 10:05 的巴士，在 **10:19** 于**美术馆前站**下车，前往**丰岛美术馆**。

10:19

步行前往丰岛美术馆。除了艺术作品本身，也别错过沿途的梯田和海天一色的美景（门票 1580 日元）。

12:00

离开美术馆，逛逛**美术馆商店**后前往**岛厨房**，在岛厨房享用午餐。

NOTE：岛厨房周二至周五多半没开，去之前记得确认一下时间。

13:00

寻找猫咪，并步行欣赏周边的艺术作品如**空的粒子**与**唐柜的清水**等。

13:53

从**唐柜冈集会所前站**搭乘 13:53 的巴士，在**家浦港站**下车（200 日元）。

14:05

抵达家浦港。步行前往**针工厂**（510 日元）、**丰岛横尾馆**（510 日元）等欣赏艺术作品。

16:25

回到宇野港搭乘旅客船返回**宇野港**（770 日元）。

16:50

抵达宇野港。散步欣赏港口周边的艺术作品。

18:07

搭乘 18:07 的 **JR 宇野线・冈山行**，于 19:00 回到**冈山站**。这班也不用转车。

19:00

抵达冈山站，步行前往车站直结的**购物中心 Aeon** 享用晚餐与购物。

NOTE：Aeon 营业至 21:00

男木岛交流馆前的猫咪。
嘴巴超小的小橘也是只网红猫喔！

08

艺术山城中的猫

男木島

おぎじま　Ogijima

海中一座小小山城，
因为艺术祭带来人潮，
于是有了热闹与宁静两种性格。
但无论何时到访，
总能看到猫咪们在屋顶与屋顶之间，
午睡，或慵懒地看海。

OGITO

见见男木岛的可爱猫咪们！

认真看着我手上的食物的男木岛猫咪们。

男木岛上五颜六色的老房子，和走在其间故意不看镜头的文青猫。

男木渔港边仓库前的猫咪们。

男木岛快速导览

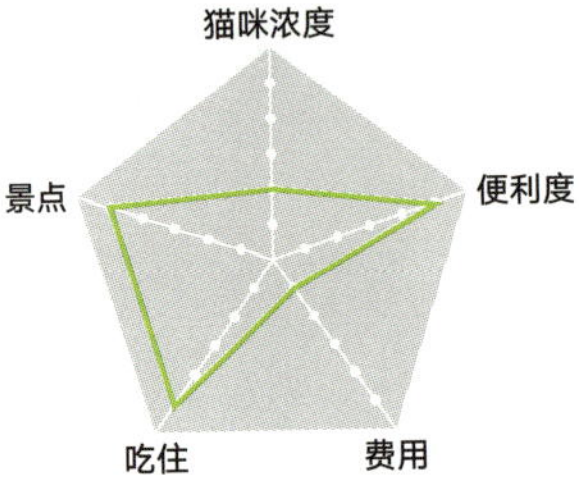

男木岛是濑户内海诸岛之一，也是其中一座濑户内海上的艺术之岛。比起丰岛美术馆或直岛的地中美术馆，男木岛上的艺术作品并没有那么知名，也因此在非艺术祭期间的气氛更显宁静。

这里曾是人口近2000人的渔业小镇，但由于人口外移，如今居民人数不到200人。男木岛自2010年开始参与濑户内艺术祭，岛上逐渐增加固定展出的艺术作品，民宿、咖啡店和餐厅也才慢慢增加。

男木岛范围不大，又由于岛上平地不多，比较建议以步行方式游逛。这里的民家大多沿着坡地而筑，艺术作品则散见于聚落各处，彩绘的民宅外墙为小城增添艺术气息。从弯曲的坡道上回头望，不时能发现猫咪在屋顶上睡觉或走动，也因此能捕捉到有趣的画面。

男木岛是有名的猫岛，而且猫咪们相当亲人，甚至会主动跳到游客身上撒娇。在2016年，岛上的猫集体实施了节育手术，之后猫的数量虽然略有减少，但是一下船仍能看到五六只猫，在男木交流馆前、丰玉姬神社和男木渔港等地也都有猫咪聚集。

由于交通便利、风景优美、猫咪又亲人，男木岛是我最喜欢的猫岛之一，前后至少来过8 次。

猫咪集中地

丰玉姬神社、旅客下船处、男木交流馆前。

男木岛景点

❶ 丰玉姬神社

有着 400 年历史的神社，供奉主司安产的丰玉姬，岛民们都昵称她为“玉姬さん”。境内有一座铸于 1817 年的警戒钟，还有一株巨大的乌冈栎古树，获指定为高松市的名木。神社位于山顶，视野非常良好，也是猫咪聚集地。

香川县高松市男木町 1903

❷ 行走的方舟

2013 年第二届濑户内海国际艺术祭时设立的作品，由《圣经·旧约》中诺亚方舟发想而来，是岛上极受欢迎的作品之一。

香川县高松市男木町

❸ 男木交流馆

交通船搭乘处，也是男木岛的案内所，这栋建筑物本身也是由西班牙籍艺术家荷梅·潘萨（Jaume Plensa）所创作的《男木岛之魂》。玻璃屋顶上用 8 种语言刻出文字，映照在水面上，依光照角度和观者位置不同，可以看到不同的字样。馆内提供观光信息，并设咖啡店。

香川县高松市男木町 1986 / 6:30~17:00

男木岛食事处

Damonte & Co. ダモンテ商会

隐身在老房子里的时髦咖啡店，贩售面包、甜点、咖啡、精酿啤酒。

香川县高松市男木町 1916 / 周五至周日 10:00~17:00 / damonte.co/

男木人 Ogito

像是每个风景区都能见到的简易贩卖部，贩售便当、冰品、生啤酒等。

香川县高松市男木町 135 / 10:00~17:00

Madoka まどか

位于二楼的食堂，可以一边眺望海景，一边享用章鱼天妇罗定食。

香川县高松市男木町 1925-2 / 11:00~17:00 / 周三休

海音面包坊＆咖啡店 ベーカリー＆カフェ海音

80 年老宅化身咖啡店，使用男木岛当地蔬菜制作面包，葱面包是人气品，务必在大片落地窗海景前享用，也可外带。

香川县高松市男木町 1933 / 原则上周末 10:00~17:00 营业

Jyouko Café じょうこカフェ

以男木岛传统农法的天然食材制作餐点，也提供住宿及男木岛生活体验导览。

香川县高松市男木町 1352 / 预约制 / 090-7146-2268 / jyouko.jimdo.com/

Bistro Iori ビストロ伊织

以男木岛产蔬菜及渔获制作午餐盘（1500 日元），说着一口关西腔的店主非常亲切。

香川县高松市男木町 2-4 / 11:00~15:00 / 偶有不定休

男木岛旅游情报

如何前往男木岛

从高松站走到高松港后搭船就能抵达男木岛，在猫岛之中可说是交通极方便的地点。夏天旺季时会加开高松与女木岛之间的船班。

从高松站出发

高松站 →（步行 约 8 分钟）→ 高松港 →（雌雄岛海运 ferry 约 40 分钟）→ 男木岛

交通费用

由高松港往男木岛的船资单程为 510 日元。

男木岛基本信息

男木岛上的店家虽然不少，但因为平日观光客不多，夏季以外的季节也可能休息。若在夏天或艺术祭以外的期间拜访，建议还是自己准备食物比较保险。

餐厅、咖啡店： 10 间以上

住宿： 3 间左右

商店： 1 间

岛上交通： 徒步

公共厕所： 4 处

自动贩卖机： 2 处

男木岛观光信息 ogijima.info

濑户内国际艺术祭 setouchi-artfest.jp/tw

高松⇔男木岛航班时刻表

- 高松→女木岛→男木岛

高松港	女木港	男木港
8:00	8:20	8:40
10:00	10:20	10:40
12:00	12:20	14:40
14:00	14:20	14:40
16:00	16:20	16:40
18:10	18:30	18:50

- 男木岛→女木岛→高松

男木港	女木港	高松港
7:00	7:20	7:40
9:00	9:20	9:40
11:00	11:20	11:40
13:00	13:20	13:40
15:00	15:20	15:40
17:00	17:20	17:40

雌雄岛海运 ferry（雌雄島海运フェリー）
meon.co.jp

Erica 的一日散策

名字有点可爱的雌雄岛海运 Ferry 从高松出发，开往女木岛和男木岛。步行就能到港口，每天有 6 趟船班往返，最适合来个一天跳岛小旅行。

8:00

在**高松港**搭乘 8:00 出发、往男木岛的雌雄岛海运 Ferry，于**男木港**下船（510 日元）。

8:40

抵达男木港。在岛上可以逗留将近 4 小时，慢慢寻找艺术作品和猫咪吧！

13:00

在**男木港**上船，20 分钟后抵达**女木港**（120 日元）。

13:20

女木岛有猫、有艺术作品，另外最有名的就是它是传说中桃太郎打鬼的那个鬼岛！拜访一下鬼住的洞窟和资料馆吧！

15:20

回到**女木港**搭乘 15:20 的船返回**高松**。如果想在女木岛待久一点的话，下一班船是 17:20 发船，也是回高松的末班船（370 日元）。

15:40

回到高松港。趁天色还亮，可以去港口边的**玉藻公园**逛逛，参观**高松城**。晚上则到步行 10 分钟的**高松中央商店街**用餐。

在港口两边长长的堤防上，都能看到飞天猫的身影。

09

飞天猫和它们的诞生地

佐柳岛

さなぎしま　Sanagishima

在濑户内海的宁静小岛上，
有一群奇妙的飞天猫咪，
每日以碧蓝天空为背景，
奋力地跃起，然后完美着陆。
日本摄影师为这些猫儿留下了相片，
也让佐柳岛一举成名。

见见佐柳岛的可爱猫咪们！

（上）北边的长崎港也有猫咪。
（下）八幡神社前堤防上的猫，后方为佐柳岛附近的小岛。

从本浦港一下船就能看见猫。

白底虎斑猫一家人，以及跑错家的虎斑猫。

佐柳岛快速导览

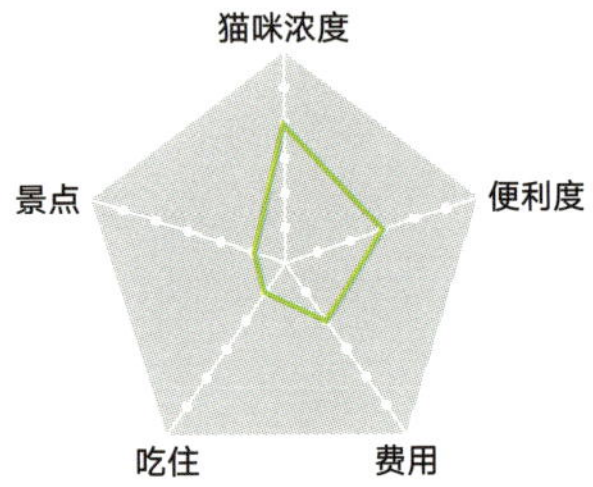

如果查看地图，会发现佐柳岛的地理位置与真锅岛距离并不远，但两个岛之间，每周只在星期六有1班船往返。在其他时间里，前往佐柳岛需从香川县的多度津港出发，船班并不太多，一天约4班左右。岛上的主要港口是本浦港，沿着海岸线约走半小时就能抵达北边的长崎港，中途还会经过可爱的青年旅馆兼咖啡店猫岛青年旅社（ネコノシマホステル）。两个港口边和猫岛青年旅社附近都有猫咪聚集。

从本浦港一下船就能看到许多猫咪优哉地随处坐卧，或在港口旁来回走动。岛上有名的飞天猫，主要的拍摄地点就是在本浦港旁的堤防。喜欢跳跃的猫咪们，会在防波堤的缺口跳来跳去，从摄影角度来说，背后的蓝天大海与沙滩就成了绝佳的拍摄背景，因此也成为各地动物摄影师喜爱的拍摄地。我自己也在佐柳岛上拍出了最多满意的照片。

佐柳岛基本上没什么景点，几乎所有游客都是为了猫咪而来。由于岛上不限制喂猫，因此，时常能看见猫咪热情地追着游客跑的画面。岛上的居民也会喂猫，像猫的广场旁的山路商店，一天就有固定3次的放饭时间，常能见到猫咪们在此逗留或等候。

不知道你是否也和我一样，会想着“猫咪跳来跳去的防波堤外有什么呢”？远远看起来堤防外是片沙滩，有回我走了下去，发现有不少猫在这里，一副颇忙碌的样子。这才发现这里可是天然的超大猫砂盆啊！从此之后，若看到猫岛上的沙滩，我都会好好观察一下再决定要不要走下去。

猫咪集中地

本浦港、长崎港、猫的广场附近、山路商店附近。

猫岛 NOTE

佐柳岛上几乎没有餐厅、完全没有自动贩卖机。
食物和饮水请自行携带上岛。

佐柳岛
旅游情报

如何前往佐柳岛

前往佐柳岛的船班从多度津港出发，距离最近的车站是 JR 多度津站，不过从车站走到港口还有 1.4 公里。若是可接驳船班的时间，有时会看到出租车在车站边等候载客，也可以考虑改搭出租车（700 多日元）。

从高松站出发

高松站 → JR 予赞线·观音寺或琴平行 约 44~51 分钟 → 多度津站 → 步行 约 17~20 分钟 → 多度津港 → 三洋汽船·多度津—佐柳航路 约 50 分钟 → 本浦港

交通费用

由高松站往多度津站为 660 日元、由多度津港往佐柳岛的本浦港为 680 日元，往长崎港的话为 780 日元。

注意事项

- 从高松站往多度津站可以搭乘 JR 予赞线·观音寺行或琴平行的普通列车，另外快速列车的 JR 快速サンポート南风リレー号·多度津行也能抵达，乘车时间仅需 33 分钟，不过班次比普通车少。
- 和真锅岛的船班一样，周六也加开 1 班前往佐柳岛的航船。

JR 四国 www.jr-shikoku.co.jp/global/tc/
三洋汽船 sanyo-kisen.jp

多度津⇔佐柳岛⇔真锅岛航班时刻表

- 多度津→佐柳岛→真锅岛 三洋汽船·多度津—佐柳航路

多度津	佐柳岛（本浦）	真锅岛（本浦）	备注
6:55			仅停靠佐柳长崎
9:05	9:55		
14:00	14:50		
	14:50	15:10	仅周六行驶
16:20	17:10		

- 真锅岛→佐柳岛→多度津 三洋汽船·多度津—佐柳航路

真锅岛（本浦）	佐柳岛（本浦）	多度津	备注
	8:05	8:55	仅停靠佐柳长崎
	10:00	10:50	
14:30	14:50		仅周六行驶
	15:25	16:15	
	17:00	18:00	

- 本表仅列出相关的主要港口，中间还会停靠高见岛。
- 佐柳岛还有另一个港口长崎港，但停靠船班较少，此处仅列出主要港口本浦港。
- 真锅岛往返佐柳岛的船班仅在周六行驶。

佐柳岛基本信息

佐柳岛上没有自动贩卖机，商店只有 2~3 间左右。2017 年新开的咖啡店兼青年旅馆猫岛旅舍，是岛上唯一可以用餐的地方。猫岛旅舍周二固定休息。

餐厅、咖啡店： 1 间

住宿： 1 间

商店： 3 间（营业时间不固定）

岛上交通： 徒步

公共厕所： 1 处

自动贩卖机： 0

记得把垃圾带走

佐柳岛和许多人口不多的离岛一样，需要面临岛上垃圾难以消化的问题。岛上居民们都习惯把垃圾拿到海边沙滩去烧掉，因此，记得把自己的垃圾带走，才不会造成岛上的负担。

居民烧垃圾时多半也会带上厨余顺道喂猫，因此，也会看到猫咪们聚集。

Erica的一日散策

这里提供从高松出发、佐柳岛来回的行程，周六可以考虑真锅岛、佐柳岛的跳岛行程。

9:00

因为船班的关系，早上先去高松的其他地方逛逛吧。从高松站步行至**高松筑港站**搭乘**琴平电铁**，在**栗林公园站**下车。

9:30

广大的**栗林公园**不但有湖泊与庭园造景，遇到季节还有梅花、樱花和红叶可赏（410日元）。

11:00

从栗林公园回到**高松站**，中午可以到车站二楼内尝尝杵屋的赞岐乌龙面。

12:27

在高松站搭乘12:27的**JR予讃线・琴平行**，在**13:14**抵达**多度津站**（660日元）。

14:00

从多度津站步行约20分钟，抵达**多度津港**。买票后搭乘14:00的**三洋汽船・多度津—佐柳航路**，在佐柳岛的本浦港下船（680日元）。

NOTE：如果想在猫岛上待久一点，可以搭早上7:15高松站发车的JR列车，搭乘9:05的船。最早的回程航班为15:25。

14:50

本浦港附近就有很多猫咪，一下船就来和猫玩耍吧！

15:00 前往猫的广场，欣赏飞天猫的英姿。

15:20 猫的广场旁的山路商店固定有喂猫，通常也能看到不少猫咪聚集。

15:50 从猫的广场往北边走，约 30 分钟后抵达北边的**长崎港**。长崎港边也有不少猫喔。

17:00 回到**本浦港**后，搭乘 17:00 的船班，在 **18:00** 回到**多度津港**。步行约 20 分钟回到**多度津站**（680 日元）。

NOTE：须注意日落时间。佐柳岛在秋冬时大概傍晚五六点就天黑了，因为回到港口还要走上一大段，比较建议搭早上 9 点多去、下午 3 点多回来的船班。

18:32 搭乘 18:32 的 **JR 予赞线・高松行**，在**坂出站**转乘 **JR 快速マリンライナー 53 号・高松**行，在 **19:06** 抵达**高松站**（660 日元）。

19:10 晚餐就去吃高松知名的**骨付鸟**吧！这是腌渍入味、一整只的带骨烤鸡腿，**一鹤**、**兰丸**都是当地名店。

在候船室附近
就能看到不少猫。

10

海上小富士的猫咪

似岛

にのしま Ninoshima

似岛的名称由来是
“有着类似富士山之山的小岛”，
从海上远远就能看见优美的山形轮廓，
也是广岛学生们校外教学，
或是市民周末钓鱼踏青的地方。

见见似岛的可爱猫咪们！

摄于岛屿东侧的冲野商店前。

候船室旁可以看到当地人放的猫粮，也是猫咪喜爱逗留的地方。

似岛 快速导览

广岛是唯一能同时看到野生的猫咪、兔子和鹿的地方。野生的鹿住在世界遗产宫岛上、兔子在大久野岛，猫的话，最有名的就是尾道了。而尾道之外，广岛市附近还有一个安静又距离市区很近的猫岛，那就是似岛。

从广岛市区前往似岛，仅需从市区转搭20分钟的渡船就能抵达，交通相当便利。岛屿北侧的安艺小富士标高约278米，从港口登顶只需要1 小时的时间，路线简易、适合初游者，也是广岛的初中或小学生校外教学的热门地点。

和其他猫岛比较不同的是，似岛由于临近广岛，从中日甲午战争到第二次世界大战为止军事气息浓厚，留有不少战时遗迹和纪念碑，包括第二次世界大战时，海外士兵归来的检疫所纪念碑、陆军弹药库遗迹等，原爆时似岛未受波及又地处临近，因此有超过1万人被送往岛上救治，岛上也设有原爆牺牲者的慰灵碑。

似岛虽然有山，但环岛周边的地势平缓、景色宜人，如果没有登山的打算，我也很推荐骑脚踏车环岛。码头旁的似岛地区交流处“ちょっとよりんちゃい”就有提供脚踏车租借服务，仅需300日元就能租借一整天。我从港口沿着海岸线，一路骑到岛屿西侧的似岛临海公园，约4.5千米，边骑边拍照大约花了1小时。沿路还在海边看到许多养殖贝类和牡蛎的设备，成排的支架与清澈海水，有种朴实的美感。

似岛上的猫咪大多集中在港口附近，不算很亲人，不过，渡船待合所旁有一大盆猫粮，相信有当地人固定喂食。我在拜访这里时看到不少通船上学的孩子，放学在渡船待合所等船时逗弄着猫咪玩耍，纯真的画面真是可爱极了！

猫咪集中地

似岛港口附近、邻近港口的民家巷子、杂货店附近。

似岛
旅游情报

如何前往似岛

似岛的交通很方便，从广岛市区搭乘广岛电铁至广岛港后，转搭似岛汽船即可抵达，一天约有 13 班船往返，每隔 1 至 1.5 小时一班。

从广岛站出发

广岛站 → 广岛电铁 5 号线 · 广岛港方向 约 **33** 分钟 → 广岛港站 → 似岛汽船 约 **20** 分钟 → 似岛港

交通费用

由广岛站往广岛港站为 180 日元、由广岛港往似岛港为 440 日元。

注意事项

- 由广岛港往似岛港的船票直接在乘船时购买即可。

似岛基本信息

似岛有初中、小学，还住了将近 800 人，因此岛上有超市和商店，不过餐厅很少。

餐厅、咖啡店： 1 间

住宿： 1 间

商店： 5 间以上

岛上交通： 徒步

公共厕所： 1 处

自动贩卖机： 3~5 处（港口和商店附近）

广岛电铁 www.hiroden.co.jp

似岛汽船 www.ninoshimakisen.jp

广岛⇔似岛航班时刻表

• 广岛港→似岛港 似岛汽船

广岛港	似岛港
6:30	6:50
7:30	7:50
8:30	8:50
9:30	10:05
11:00	11:20
12:30	12:50
14:00	14:20
15:30	15:50
16:30	16:50
17:30	17:50
18:30	18:50
19:30	19:50
20:30	20:50

• 似岛港→广岛港 似岛汽船

似岛港	广岛港
6:00	6:20
7:00	7:20
8:00	8:20
9:00	9:20
10:15	10:35
11:30	11:50
13:00	13:40
14:30	15:10
16:00	16:20
17:00	17:20
18:00	18:20
19:00	19:20
20:00	20:20

◎ 去程的 9:30、回程的 13:00、14:30 船班因配合学校上下课多停一站，时间较长。

◎ 新年期间班表不同，请上左页四岛汽船网站查询。

广岛海上的小富士

安芸小富士

似岛最知名的景点。从广岛港乘船前往似岛途中，正是欣赏安芸小富士的最佳时机，所以千万别躲在船舱里，记得要到船上阳台看看安芸小富士的全貌。沿着指标走到山顶约 1 小时，从展望台能远眺对岸的广岛港以及濑户内海，甚至也能看到宫岛上的弥山，景色美不胜收。

Erica的一日散策

搭配广岛的经典景点，来趟轻松愉快的市区＋猫岛一日游吧！

10:00

在饭店里或市区用过早餐后，前往广岛市区的世界遗产：**原爆圆顶馆**。触目惊心的建筑遗骸记录着战争的残酷。

10:15

沿着河堤走，就能抵达由建筑师丹下健三与野口勇所设计的**平和纪念公园**。除了纪念碑也有资料馆可参观（资料馆门票200日元）。

11:32

从**纸屋町东站**搭乘广岛电铁1号线，前往**广岛港**（180日元）。

12:08

在12:08抵达**广岛港站**，出站后步行前往位于**第5栈桥**的**似岛汽船乘船处**。

12:30

搭乘12:30的船班前往似岛，乘船时间约20分钟（440日元）。

12:50

抵达似岛。先在港口边和邻近的巷子里找猫咪玩耍吧。

NOTE：由于岛上餐厅选择极少，可自备便当或是饭团在岛上野餐。

13:10

接下来的时间，可以选择租脚踏车悠闲环岛，或循指标登上**安芸小富士**，俯瞰濑户内海美景。

16:00

搭乘 16:00 的船班，从似岛港返回广岛港，乘船时间约 20 分钟（440 日元）。

16:20

抵达广岛港后，搭乘 16:35 左右发车的广岛电铁 1 号线，在 31 分钟后于**本通站**下车（180 日元）。

17:06

广岛本通商店街有药妆、纪念品、服饰、餐厅等各式店家聚集，可以悠闲逛逛。

NOTE：商店大部分营业到晚间 7、8 点左右。
www.hondori.or.jp

18:30

晚餐推荐位于本通商店街内的“お好み共和国ひろしま村”。三层楼的建筑内集结了 5 间广岛烧店。

NOTE：11:00~23:00，每间店休息日不同。

野生兔子栖息的海上乐园

大久野岛

彩蛋03

在网络上看过成群结队的可爱兔子、在海边或草地上跳来跳去的画面吗？那很有可能是大久野岛，这座位于濑户内海上的小岛之一，现在共栖息了700多只野生兔子，也常常被大家称呼为兔子岛。

大久野岛属于广岛县的一部分，若从广岛市前往，需先搭车到JR三原站再转搭吴线到忠海站下车，从忠海港搭船约12分钟，就能抵达岛上。岛上的兔子可以喂食，在港口就有卖小包的兔子饲料，但真的很建议大家改买高丽菜，因为饲料一下子就喂完了呀！拿青菜可以跟兔子玩久一点，也很受兔子欢迎。有趣的是，高丽菜可以说是当地的热门商品，在忠海站港口附近的民家，甚至连便利商店里面都能买得到。

在船还没进港前，就能看到港口附近有不少兔子，上岛之后可以看到兔子们生活的各种可爱场景：在地面上挖出一个个浅浅的洞、窝在里头休息或睡觉，偶尔打架、热情包围手上有拿食物的人。而在春天造访的

话，不但能看到刚出生、一脸稚嫩的小兔子，还能看见兔子在樱花树下打瞌睡的画面。

大久野岛上为什么会有这么多野生兔子呢？背后其实有个哀伤的故事。原来大久野岛在第二次世界大战时原本是化学武器工厂的所在地，兔子曾经是工厂里的实验动物。战争结束后工厂关闭、人类撤离岛上，直到20世纪70年代，大久野岛因应政府推动观光计划，在这里兴建了“国民休暇村”，才又重新开始有了人烟。1971年，当地小学生在这里放生了8只原本由学校饲养的兔子，之后兔子们顺利野生化，族群也日益壮大。2011年刚好是兔年，大久野岛在媒体报道下一炮而红，现在已是当地最受欢迎，也最具国际知名度的景点之一。每逢夏天或假日，都能看到不少观光客或带着小朋友的父母，来岛上找兔子玩。

由于岛上的兔子算是野生动物，除了要小心在喂食时不要被兔子咬到、不要硬抱起兔子或追着兔子跑之外，还有一些规定需要遵守。比如说：不要喂兔子饲料和高丽菜、红萝卜、小松菜等确定兔子能吃以外的食物，也不能喂食面包或点心等人类的食物，以免影响兔子健康；不要在马路上或入口处玩兔子，以免干扰岛上人员的日常工作；不要乱丢垃圾，因为除了会造成环境负担，还会被兔子捡去吃，等等。

兔子岛一年四季都能拜访，尤其冬天因为游客比较少，兔子们还会特别热情呢！大久野岛散步一圈需一个多小时，来这里享受有兔子陪伴的疗愈时光吧！

大久野岛

广岛县竹原市忠海町 / 广岛官方观光介绍 www.hiroshima-kankou.com/usagi/usagi/top、休暇村大久野岛 www.qkamura.or.jp/ohkuno/

亲身体会
被猫淹没的感觉。

11

足以用“壮观”形容的超级猫岛

青岛

あおしま Aoshima

人口不到 10 人的小岛上，
竟住着 200 多只猫——
被称“猫之乐园”的青岛，
以惊人的猫咪浓度闻名世界。
从抵达港口的那一刻起，
感受“猫山猫海”的惊人魄力吧！

见见青岛的可爱猫咪们！

（上）在青岛拍到了我的第一只吐舌猫，从此开始了吐舌猫的摄影计划。
（下）一脸陶醉地睡在阿嬷晒的棉被上。

有船长的地方就有猫。

青岛

（上）另一只青岛明星猫就是这位青岛第一美男子チョコちゃん。
（下）チョコちゃん和他的好朋友。

猫口众多的青岛上，有几只有名的猫咪。这只是ドキンちゃん。

华丽的猫咪阵容，正等着迎接一天只有两班的渡船进港。

青岛快速导览

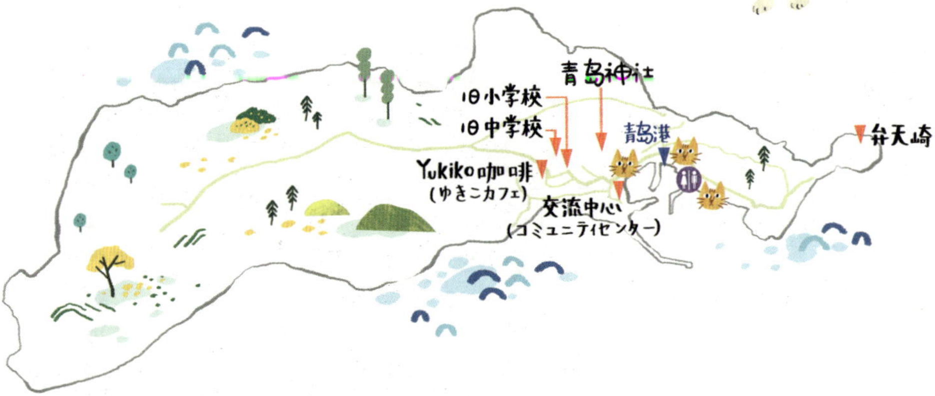

猫咪集中地

岛上指定的喂食区域就是最多猫咪的地方，另外，会在港口喂猫的船长本身也是行动的猫咪集中点。

猫岛 NOTE

青岛上没有任何商店或自动贩卖机，因此务必自行携带饮水和食物上岛。在候船室设有可以存放多余猫粮的饲料箱（饵ボックス），可以将没喂完的饲料留在这里。

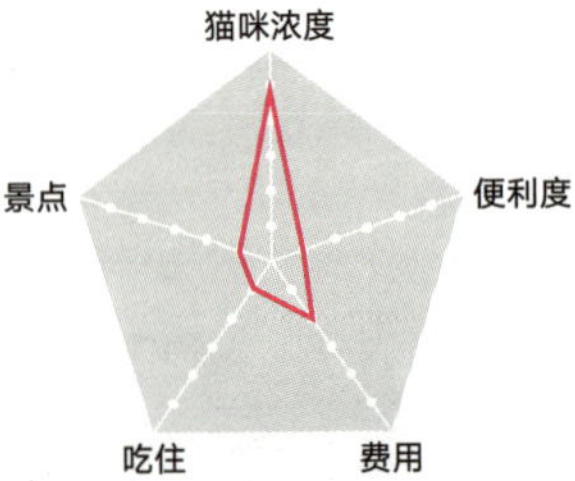

青岛可说是日本最知名的梦幻猫岛之一。而其之所以梦幻的理由，除了有超级多的猫咪，还因想要登岛真的不容易。

青岛一天只有2班船往返，分别是早上1班、下午1班。由于运行的船只是只能载34人的小型船，除了岛民优先外，只要天候稍有不佳，就会宣布停驶，我也曾遇过因船长判断下午会变天，因此才刚把人载上岛，就要求所有人在10分钟后全部上船返航的例子。

青岛上没有景点、设施、商店、餐厅、自动贩卖机……可说是除了猫之外什么都没有。但是满坑满谷的猫儿，从你抵达港口的那一刻开始就会热情地迎接来客。就连看起来一脸严肃的青岛旅客船船长，早上也都不忘带上一些食物给猫咪，因此，总会得到相当热烈的欢迎。

由于猫多人少，随着观光客的涌进，青岛上少数居民的生活也受到不少打扰。因此前来这里，请务必遵守岛上的规定：岛上有指定的喂猫区，请不要在此区域外喂猫，也不要任意走进民宅范围或打扰当地居民的生活。最后，离岛时要记得把包括猫饲料包装在内的所有垃圾一并带走。

随着人口老化凋零，青岛上居住的人数一直在慢慢减少中。如果大家都不在了，该由谁来照顾猫咪呢？ 2018年，岛民们终于同心协力在市政府的协助下将岛上的200多只猫全数节育，这也代表着身为猫岛的青岛，很有可能在10年以内成为历史。

每一次都可能是最后一次。我总是抱着这样的心情，珍惜每次成功登上青岛的时光。

青岛旅游情报

如何前往青岛

前往青岛的交通较困难，经历一次失败、第二次登岛才告成功者大有人在，必须做好心理准备。从松山市搭乘电车，约 1 小时抵达伊予长滨站，出站步行 2 分钟即至港口，虽然航程只需 35 分钟，但由于船只较小，人数限乘 34 名，常因气候因素停驶。出发前务必要做好功课，上网查询天气概况。

从松山出发

松山站 → JR 予赞线 予和岛行 约 60~75 分钟 → 伊予长滨站 → 步行 约 2 分钟 → 长滨港 → 青岛旅客船 约 35 分钟 → 青岛港

交通费用

由松山站往伊予长滨站搭乘普通列车 760 日元、特急列车 1800 日元，由长滨港往青岛港的船资 680 日元。

注意事项

- 天气不佳或海面浪高 1 米时就不发船，出发前可由气象厅网站查询爱媛县中予地区气象：http://www.jma.go.jp/jp/yoho/342.html；或至粉丝专页：“青岛・岛民 15 人猫 100 匹以上の岛”查询实时航班状况。
- 交通船限乘 34 人，但下午的乘船名额必须扣除当日上午搭船并留在岛上的人数。换句话说，如果上午的船班总共去了 34 人，下午的船去程将无法载客，因岛上没有任何住宿设施，必须把所有旅客都载回长滨港才行。
- 交通船为青岛唯一对外的交通工具，因此，青岛岛民优先乘船。
- 冬季风浪较大，因此停驶的概率最高。
- 遇到周末或日本黄金周等长假时，航班容易客满。

青岛旅客船信息（大洲市官网）

www.city.ozu.ehime.jp/soshiki/nagahamash/0375.html

长滨港⇔青岛的时刻表

- 长滨港→青岛　定期旅客船 青岛

长滨港	青岛港
8:00	8:35
14:30	15:05

- 青岛→长滨港　定期旅客船 青岛

青岛港	长滨港
8:45	9:20
16:15	16:50

青岛基本信息

青岛上什么都没有，所有东西务必自己携带上岛。厕所位于候船室内。

餐厅、咖啡店： 0 间

住宿： 0 间

商店： 0 间

岛上交通： 徒步

公共厕所： 1 处

自动贩卖机： 0

青岛・岛民 15 人猫 100 匹以上の岛

www.facebook.com/ehime.aoshima/

岛上的神秘咖啡店 Yukiko Cafe

我曾在岛上发现岛民吉冈女士在自家经营的小小咖啡店，提供咖啡、茶饮、蔬果汁等。咖啡店距离港口大概 3~4 分钟脚程，沿着青岛神社石碑旁的小路前行，看到门口放置小小 A 型广告牌的民家即是。不过由于岛上人口越来越少，无法确知目前是否仍在营业。

爱媛县大洲市长滨町青岛 216 / 不定休 / http://studio-ichi.com/nekonoshimaaoshima/yukikocafe.html

Erica 的一日散策

如果有心前往青岛，我的建议是搭乘早上 8 点的船班，做好在岛上逗留 8 小时的打算。因下午的船班还有预留回程船位的问题，就算有开船，还是有搭不上的概率。若是这个行程，需搭乘早上 6:02 由松山站出发、JR 予赞线・宇和岛行的列车，回程则搭乘 17:35 伊予长滨站发车的列车，回到松山约是 18:30 左右。

睦月岛上橘猫当家。

12

橘子与橘猫之岛

睦夕岛

むづきじま　Mudukijima

百年历史的老屋间，
橘猫们无所顾忌地悠游着。
不知何处飘来的柑橘芳香，
呼唤旅人踏上“四国遍路”，
一探山海错落的岛屿风光。

见见睦月岛的可爱猫咪们！

（上）橘猫家族一员。
（下）在港口右边聚落发现了落单的小猫。

摄于睦月岛上的废弃校舍内。

睦月岛
快速导览

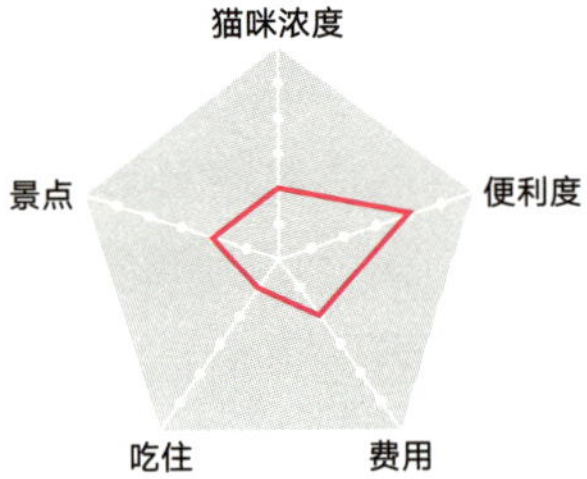

睦月岛在行政区上隶属于四国岛的爱媛县，位于濑户内海，属忽那群岛之一，从松山市中心出发只需1小时左右即可抵达。岛屿面积仅3.82平方千米，人口也在280人以下。过去渔业兴盛，形成猫口众多的背景因素，如今则以盛产爱媛名产蜜柑、伊予柑等柑橘类闻名。

睦月岛的猫大多集中在港口附近的聚落，在大街上常能看到猫咪大军旁若无人地集体穿越道路，走进巷弄里，则会不时发现它们坐在民居的矮墙上、地板下等各个角落。有趣的是，岛上的猫咪几乎不是橘猫，就是虎斑或三花，色调相当统一协调，尤其橘猫数量压倒性的多，感觉大家好像都同属一个大家庭呢！

明治时代，睦月岛出了许多成功的“伊予絣”织物行商，这些商人为岛上留下了美轮美奂的宅邸。其中尤其以“长屋门”这种住宅形式知名。长屋门的特点是在大门两旁设有长屋，可作仓库或房间用途，并为邸内的主屋抵挡台风与巨浪侵袭。除此之外，许多古民家的玄关与窗棂皆十分精细，建物外墙也采西日本特有的“烧杉”技法，也就是火烤杉木板材以增加耐久程度，和佐久岛、真锅岛等将外墙涂黑的做法不同。

稍微离开聚落，就能发现沿途几乎都是蜜柑果园。我曾在产季造访，单是走在路上，就能闻到空气中飘荡着柑橘类的舒服香气。岛上有四国八十八所与西国三十三所的札所，路上常能见到带着温柔表情的小小地藏，令人心情平静。

猫咪集中地

睦月港与周边聚落。

猫岛 NOTE

虽然没有明文禁止，但睦月岛的居民不太欢迎游客喂猫。

睦月岛旅游情报

如何前往睦月岛

从松山市搭乘伊予铁道约 20 分钟即抵达高滨站，一出站便是高滨港。在此可选择搭乘中岛汽船的渡轮或高速船，船行时间相差不远，但前者费用低廉许多。另外，由于同样是以松山起点，如果上一篇提到的青岛停船，可以改往睦月岛碰碰运气。

从松山出发

JR松山站 → 步行 约 5 分钟 → 伊予铁道大手町站 → 伊予铁道高滨线 约 20 分钟 → 高滨站 → 步行 约 2 分钟 → 高滨港 → 中岛汽船·中岛方面东线 约 20~30 分钟 → 睦月港

交通费用

由大手町站往高滨站 360 日元、由高滨港往睦月港的船资渡轮 690 日元、高速船 1250 日元。

高滨⇔睦月岛航班时刻表

- 高滨→睦月岛 中岛汽船·中岛方面东线

高滨港	睦月港	备注
7:10	7:40	渡轮
8:30	8:48	高速船
10:25	10:55	渡轮
13:50	14:08	高速船
16:05	16:35	渡轮
17:40	17:58	高速船
19:25	19:55	渡轮

伊予铁道 www.iyotetsu.co.jp

中岛汽船 www.nakajimakisen.co.jp

- 睦月岛→高滨　中岛汽船·松山方面东线

睦月港	高滨港	备注
6:58	7:15	高速船
9:13	9:45	渡轮
12:47	13:04	高速船
14:48	15:20	渡轮
18:08	18:40	渡轮
18:42	18:59	高速船

- 船班在停靠睦月岛后，会再继续前往中岛或野忽那岛。

睦月岛基本信息

睦月岛上只有 1 处自动贩卖机和 1 间杂货店楠酒店。唯一的一间餐厅需要事先预约，请记得自行携带食物和饮水。

餐厅、咖啡店： 1 间

住宿： 0 间

商店： 1 间

岛上交通： 徒步

公共厕所： 1 处

自动贩卖机： 1 处

睦月岛食事处

楠酒店

杂货店，贩售罐装果汁、泡面、零食、面包、卫生纸等。店前有岛上唯一的自动贩卖机。

爱媛县松山市睦月 1094-2 / 7:00~19:30

海游亭

以当地渔获制作鲜鱼料理，采取预约制。

爱媛县松山市睦月 1083-15 / 090-8695-8754 田中

当田八幡神社

已有近 1100 年历史的古老神社，祭祀着田心姬、市杵岛姬、湍津姬三位女神。秋祭前为了准备游行时神轿互撞的习俗，可以见到工匠一面高声呼喊，一面补强神轿上的“伊达绳”，场面颇为壮盛。在梅雨季前来则可欣赏绣球花。

爱媛县松山市睦月 1305

Erica的一日散策

去睦月岛悠闲逛个半天后，可以去拜访同样有很多街猫的松山知名景点道后温泉。

9:40

从**JR松山站**步行至**伊予铁道大手町站**后，搭乘伊予铁道高滨线，至**高滨站前**下车（360日元）。

NOTE：这天午餐时间会在岛上度过，需要事先准备午餐和饮水。

10:06

抵达**高滨站**。高滨站一出口就是**高滨港**。

10:25

搭乘10:25出发、往**中岛方面**的**中岛汽船东线**，在**睦月港**下船（690日元）。

10:55

睦月港附近就是猫咪的聚集地。先和猫猫们玩耍一下，再决定接下来的方向吧！附近也能拍到猫与花朵的可爱构图。

11:10

由港口步行约10分钟能看到古色古香的**当田八幡神社**。

11:20

神社不远处就是**玉善寺**，也是岛四国八十八所的中心。寺里有棵高约30米的巨大楠树。

11:40

接下来的时间就在岛上悠闲度过吧！离开主要聚落就能看到满满的果园，被路上的稻草人吓了一跳！

12:47

搭乘 12:47 的高速船返回**高滨港**。若想在岛上待久一点，下一班船的时间是 14:48。

13:13

搭乘 13:13 的**伊予铁道列车**，至松山市站转搭往道后温泉的**伊予铁道松山市线**，在**道后温泉站**下车。

NOTE：若想搭乘复古的少爷列车前往道后温泉，可在 P176 伊予铁道网站查询班次。

14:01

抵达**道后温泉**。逛逛温泉老街和附近的道后公园。道后温泉也有不少街猫，别忘了和它们打打招呼。

16:00

一定不能错过的就是曾在夏目漱石的《少爷》中登场的古老温泉：**道后温泉本馆**。进去泡个汤吧！

NOTE：道后温泉本馆自 2019 年 4 月起二、三楼整修，一楼的神之汤仍有开放（6:00~23:00、410 日元、dogo.jp/tw）。

17:30

晚餐可以尝尝爱媛县有名的**鲷鱼饭**。有生食和熟食两种吃法，道后温泉就有不少名店。

18:30

搭乘伊予电铁回到松山市区。

相岛的猫咪
早已习惯了观光客，
看起来特别放松。

13

名列世界五大猫景点之一的小岛

相岛

あいのしま　Ainoshima

过去是使节朝臣的迎宾重地，
如今成为各国旅客趋之若鹜的名胜。
慵懒的猫咪们仿佛早已饱览世事，
今天也在明媚的风光下恣意午睡。

见见相岛的可爱猫咪们！

春天在相岛，拍到了不少猫与花一起的照片。

防波堤附近的奶牛猫。

民宅前的虎斑猫睡得超级熟，
完全没有被惊醒。

相岛

（上）路边排排坐的猫咪。
（下）猫咪赏花中。

相岛
快速导览

相岛小学校
相岛积石冢群
鼻栗濑(眼镜岩
新宫相岛渔协购买店
丸山食堂
相岛观光案内所
相岛港
Kitchen Sea & Sky
(キッチン空と海)
朝鲜通信使客馆迹

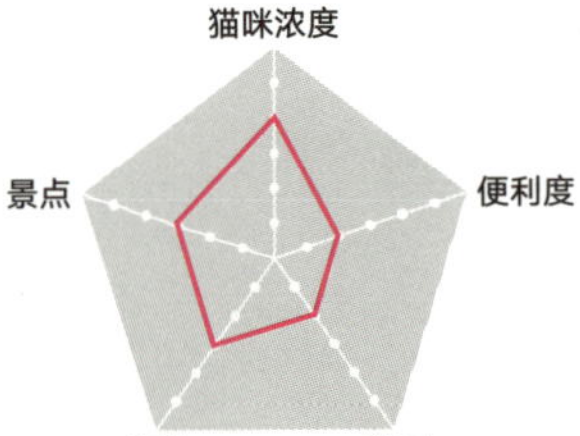

猫咪浓度
便利度
费用
吃住
景点

相岛可说是福冈外海最知名的猫岛，在2013年曾被CNN选为世界五大猫景点，从此一跃成名，不但猫咪数量多、旅游设施完善，也是钓鱼胜地。岛屿面积不大，环岛一周约5.4平方千米，可步行游逛，也可至观光案内所租借脚踏车。

相岛由于游客多，猫咪已不怕人，甚至完全不在乎观光客。走在路上四处可见横躺在马路睡觉的猫咪，即便人车来往也完全不会被惊醒，非常放松自在。需注意不可喂食猫咪，岛上各处贴着“禁止喂食”的海报，主要是担心游客喂食猫咪不能食用的东西，或使得猫咪营养过剩而造成过度生育。

相岛猫最多的地方在定期船的下船处，沿着海岸线，一直走到相岛小学校的路上都可遇到不少猫咪。岛上的猫咪大多非常亲人，就算不亲人的猫也不会见人就躲，主要原因除了观光客众多，也是因当地居民对猫咪非常友好。

猫咪、方便的设施加上岛上的历史景点，使得近年有越来越多观光客拜访这里，到了黄金周假期期间甚至需要加开船班，并发放登船号码牌才能应付观光人潮。因此来建议避开周末或是假期前来，以免连跟猫咪玩耍互动也得排队。相岛受欢迎的程度让西铁电车在2018 年3月推出了搭配巴士船班的“にゃん电”，电车上画满可爱的猫咪图案。可上西铁网站查询班次。

猫咪集中地

相岛港边、相岛渔港、聚落内、南端堤防。

猫岛 NOTE

禁止喂食猫咪。

相岛景点

❶ 相岛积石冢群

日本国家指定史迹，总长 500 米，建于 5 世纪后半叶至 6 世纪，254 个石堆古墓组成的古坟群。此处出土了许多 4 世纪至 6 世纪的韩国陶器，证实相岛与朝鲜半岛的关系紧密。从长井滨海岸可以眺望小岛东方 300 米的鼻栗濑，也就是俗称眼镜石的海蚀洞穴。

福冈县糟屋郡新宫町相岛 长井浜

❷ 朝鲜通信使客馆迹

日本江户时期，朝鲜是当时唯一跟日本有接触的国家，邻近朝鲜的相岛因此被幕府指定接待朝鲜使臣的地点。朝鲜通信使客馆迹便记录了这些重要的历史资料，在当地可看到不少韩国游客专程参访。

福冈县糟屋郡新宫町相岛 1326

相岛食事处

Kitchen Sea & Sky

在下船处的左前方，红白蓝相间的招牌非常显眼。贩售井饭、咖喱饭、冰品、零食等。

丸山食堂

位于岛の驿あいのしま一楼，是岛上唯一的正式食堂，可吃到各式各样的海鲜料理。

每周三和每月第四个周二休

岛カフェ あいのしま

位于岛の驿あいのしま二楼，贩售汉堡薯条等食物。

周四休

❸ 岛の驿あいのしま

结合相岛观光案内所和食堂的木造建筑。一楼提供观光咨询服务，同时也贩售猫咪相关纪念品和当地特产。岛の驿左边的建筑是候船室与脚踏车租借处，这里有洗手间、休息室、船票自动贩卖机。右边的建筑则是新宫相岛渔协购买店，除了贩售一般生活用品，也能买得到冰激凌或是零食饮料。

福冈县糟屋郡新宫町相岛 1382-1 / 10:00~17:00（10 月至 3 月 16:30）

相岛旅游情报

如何前往相岛

需至新宫渔港转达渡轮，在 JR 福宫大前站或西铁新宫站都有巴士接驳前往。开往相岛的船是可以搭载 150 人的大型渡轮，一天约 5~6 班，不过遇到周末或连假时仍有上不了船的可能。

从博多出发

可搭乘 JR 或西铁，但都仍需转搭巴士至港口，再搭乘渡轮。若从博多市区的中州川端站出发，西铁的转乘次数较多，但若从福冈市区的其他地点出发，西铁可能更方便。

博多站 → JR 鹿儿岛本线 约 15~22 分钟 → 福工大前站 → 新宫町社区巴士·相岛线·第 1 路线 约 10 分钟 → 新宫渔港 → 相岛渡船 约 17 分钟 → 相岛港

中州川端站 → 福冈市地下铁箱崎线·贝冢行 约 10 分钟 → 贝塚站 → 西铁贝冢线·西铁新宫行 约 20 分钟 → 西铁新宫站 → 新宫町社区巴士·相岛线·第 2 路线 约 20 分钟 → 新宫渔港 → 相岛渡船 约 17 分钟 → 相岛港

交通费用

若搭乘 JR，由博多站往福工大前站 280 日元、由福工大前站往新宫渔港的巴士 100 日元、由新宫渔港往相岛港的船资 460 日元。

若搭乘西铁，由中州川端站往贝冢站 260 日元、由贝冢站往西铁新宫站站 270 日元、由福工大前站往新宫渔港的巴士100日元、由新宫渔港往相岛港的船资 460 日元。

注意事项

- 地区巴士和船班的时间基本上有互相搭配，不过夏天、冬天和平时、周末例假日的时刻表略有不同，出发前建议上下方的新宫町网页查询。
- 社区巴士只能投现金。

JR 福工大前⇔新宫渔港巴士时刻表

- 福工大前站→新宫渔港 コミュニティバス・相らんど线（第 1 ルート）

JR 福工大前站	相岛渡船场	备注
7:13	7:23	
8:28	8:38	平日班次
8:43	8:53	假日班次
10:58	11:08	
13:58	14:08	假日班次
14:03	14:13	平日班次
16:08	16:18	4~9 月每日行驶
17:08	17:18	10~3 月每日行驶
17:38	17:48	4~9 月每日行驶

- 新宫渔港→福工大前站 コミュニティバス・相らんど线（第 1 ルート）

相岛渡船场	JR 福工大前站	备注
7:29	7:40	
9:07	9:18	
11:24	11:35	
14:29	14:40	
16:29	16:40	4~9 月每日行驶
17:34	17:45	10~3 月每日行驶
17:59	18:10	4~9 月每日行驶

西铁新宫站⇔新宫渔港巴士时刻表

- 西铁新宫站→新宫渔港 コミュニティバス・相らんど线（第 1 ルート）

西铁新宫站	相岛渡船场	备注
7:10	7:22	
8:45	8:57	
11:05	11:17	
14:05	14:17	
16:10	16:22	4~9 月每日行驶
17:15	17:27	10~3 月每日行驶
17:40	17:52	4~9 月每日行驶

- 新宫渔港→西铁新宫站 コミュニティバス・相らんど线（第 1 ルート）

相岛渡船场	西铁新宫站	备注
7:30	7:42	
9:05	9:17	
11:25	11:37	
14:30	14:42	
16:30	16:42	4~9 月每日行驶
17:35	17:47	10~3 月每日行驶
18:00	18:12	4~9 月每日行驶

- 连接 JR 福工大前站、新宫渔港和西铁新宫站的社区巴士同样一班循环路线的社区巴士，只是因路程远近，由 JR 福工大前站和西铁新宫站搭乘的是相反方向。
- 以上仅列出方便与新宫渡船接驳的班次。

西新宫渔港⇔相岛航班时刻表

• 新宫渔港→相岛港 町营渡船“新宫”

新宫渔港	相岛港	备注
7:50	8:10	
9:20	9:50	
11:30	11:50	
14:30	14:50	4~9 月航班
14:40	15:00	10~3 月航班
16:40	17:00	4~9 月航班
17:40	18:00	10~3 月航班
18:10	18:30	4~9 月航班

• 相岛港→新宫渔港 町营渡船“新宫”

相岛港	新宫渔港	备注
7:00	7:20	
8:40	9:00	
10:50	11:10	
13:50	14:10	4~9 月航班
14:00	14:20	10~3 月航班
16:00	16:20	4~9 月航班
17:00	17:20	10~3 月航班
17:30	17:50	4~9 月航班

- 若遇天候不佳可能停船，最晚于发船前 30 分钟公布。
- 可搭乘 150 人，但浪大时可能仅开放室内座位，仅搭乘 80 人。

相岛基本信息

相岛算是知名猫岛，因此基本的观光设施一应俱全。不过餐厅选择有限，民宿也只有 1 间。绕岛一周的路线长约 5.4 公里，慢慢散步约 2 小时可逛完，也可在观光案内所租借脚踏车（一般脚踏车 2 小时 500 日元）

餐厅、咖啡店：约 4 间

住宿：1 间

商店：3 间

岛上交通：徒步、脚踏车

公共厕所：2 处

自动贩卖机：2 处

JR 九州 www.jrkyushu.co.jp/chinese/

西铁 www.nishitetsu.jp/zh_tw/

新宫町社区巴士、町营渡船请上新宫町网站查询：

www.town.shingu.fukuoka.jp/index.cfm/60,0,284,html

Erica 的一日散策

以博多作为起点，可以好好逛逛猫岛并品尝博多市区美食的一日行程。

8:30

从**博多站**步行约 20 分钟、搭公交车约 10 分钟可抵达**柳桥连合市场**。来逛市场，吃高岛屋的咖喱面包配 manu coffee 的咖啡当早餐。

NOTE：市场周日休息。

10:08

从博多站搭乘 10:08 发车的 **JR 鹿儿岛本线・福间行列车**，在**福工大前站**下车。接着转搭 10:58 发车的**社区巴士・相岛线（第 1 路线）**，在**相岛渡船场站**下车（280+100 日元）。

11:30

搭乘 11:30 出发的渡轮前往相岛，于 11:50 抵达。在岛上找猫咪玩耍，散步或是骑脚踏车环岛观光。由于岛上猫多景点也多，可以待久一点，慢慢享受离岛的悠闲时光（460 日元）。

NOTE：需注意岛上餐厅的营业时间，最好还是准备些食物和饮水。

16:00

搭乘 16:00 的船返回新宫渔港后，**转搭社区巴士・相岛线（第 1 路线）**回到 **JR 福工大前站**，搭乘 JR 前往博多站。

NOTE：若恰逢季节，无法转搭上刚好回 JR 站的巴士，可改搭往西铁新宫站的班次，往西铁沿线车站继续行程。

17:08

抵达博多站后，在周边商场 KITTE、阪急或是东急手创馆等地方逛街购物。

18:30

晚餐可以在车站里的**拉面街**享用著名的博多豚骨拉面。多家当地名店在这里都有分店喔！

14

骑脚踏车去逛猫岛

志贺岛

しかのしま Shikanoshima

志贺岛是少数不用搭船就能抵达的猫岛，
也是深受福冈人喜爱的脚踏车兜风路线之一。
历史悠久的岛上曾出土国宝，
还有古老的海之神社。
猫咪们则在民宅巷弄间，
探头看着旅人们来去的足迹。

见见志贺岛的可爱猫咪们！

志贺岛的猫主要出现在民宅小巷内。

港口边偶尔能发现猫的身影。

港口旁充满霸气的猫。

（上）这两只猫咪在拍照时，还会自己换动作，堪称最专业的模特儿。
（下）志贺岛的路霸猫。

有人固定喂猫的地方，就会有猫咪聚集。

志贺岛
快速导览

猫咪浓度
便利度
费用
吃住
景点
志贺海神社 冲津宫
胜马海水浴场
休暇村 志贺岛
志贺海神社
中西食堂
MEGANE咖喱
单车租借Shikashima cycle
丸美屋
渔协直营餐厅 志贺岛
巴士下车处
巴士上车处
志贺岛渡船厂
金印公园
金印咖喱 幸运
往 西户崎站
九州本岛

位于博多湾内的志贺岛是日本少见的陆连岛，细长的沙洲“海之中道”将岛屿和陆地相连，因此，志贺岛可说是少数搭巴士就能抵达的岛屿。岛上有巴士运行，不过这里最热门的玩法还是骑脚踏车环岛，周长约12千米的沿海道路，绕一圈约是2小时左右，也有不少当地人会从福冈一路骑过来看海玩沙，享受周末时光。岛屿最北端的胜马海岸不但有美丽沙滩和度假饭店，夕阳的景色也很有名。

志贺岛上的猫咪大多出没在民宅聚落间，从港口附近往志贺海神社的路上，以及另一头靠金印公园的民宅巷子间，都因有人喂食而有猫咪固定聚集。这里的猫还有个很有趣的特性：明明志贺岛在猫岛之中还算繁华，但这边的猫却特别喜欢大剌剌地挡在马路正中间，看到人车也一副不想移动的样子，常令人忍不住觉得好笑。

志贺岛上有金印公园、金印咖喱、金印热狗，到底“金印”是什么呢？原来这个金印，就是小时候曾出现在历史课本里提到东汉光武帝所赐的“汉倭奴国王”印。1784 年，岛上农民在田中发掘出这枚金印，在学者考证下被指定一级国宝，现在收藏于福冈市美术馆。

岛上的金印咖喱使用特调香料，香料味较重，口味比一般日式咖喱清爽不少，岛上有不少店家可以尝试，但我想特别推荐的是金印热狗。这间路边小摊虽然位于西户崎站和海之中道之间，附近什么都没有，但是却好吃到值得为了它特地前往！虽然名叫热狗，但金印热狗包的是炸得香酥的小块花枝和牛排，配上烤得恰到好处的面包，口味非常特殊，令人回味无穷。

猫咪集中地

志贺岛右下角的民宅间、志贺渡船场附近的海边仓库。

志贺岛景点

❶ 志贺海神社

主祀底津绵津见神、仲津绵津见神、表津绵津见神三位海洋之神，自古以来就是博多湾的总镇守，也是曾在日本神话中登场的古老神社。神社建筑、配置和一般神社有些不同，值得细访。

福冈县福冈市东区志贺岛 877 / 6:00~17:30 / www.shikaumi-jinja.jp

❷ 庄严寺

距离志贺海神社不远的禅宗寺院。虽然是禅宗寺院，却以保佑缔结良缘而闻名，有时也能在这里看到比较少见的佛前结婚仪式。寺前拥有眺望博多湾和玄界滩的绝佳视野。

福冈县福冈市东区志贺岛 813-1 / 8:30~17:00

志贺岛食事处

Shikashima Cycle
シカシマサイクル

店面很潮的脚踏车出租店，二楼也提供咖啡轻食。

福冈县福冈市东区志贺岛 417-1 / 9:00-18:00 / 周二休 / shikashimacycle.fun

やすらぎ丸

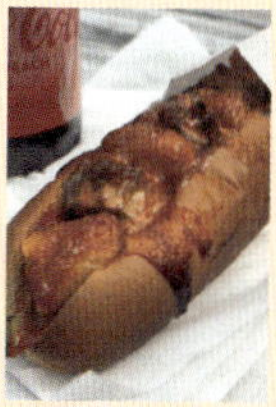

以招牌金印热狗而知名的路边小摊，也有海鲜、汉堡排等其他口味特殊的热狗。

福冈县福冈市东区志贺岛手前（还未抵达海之中道前）/ 中午 12:00~ 次日凌晨 3:00

❸ 胜马海水浴场

位于岛屿最北侧的海岸，也是福冈最受欢迎的海水浴场之一，相关设施齐全。夏天时适合从事游泳等水上活动，海中岛屿散落的景色也很美丽。附近有饭店休暇村志贺岛。

福冈县福冈市东区胜马 / 可游泳的时间 7 月至 8 月

志贺岛 旅游情报

如何前往志贺岛

号称福冈市民后花园的志贺岛交通很方便，可以搭乘巴士或搭船前往。

从博多出发

博多站 → 西铁巴士 46、99 号 约 17~24 分钟 → 博多埠头 → 志贺岛航路 约 30 分钟 → 志贺岛

从天神出发

天神站 → 西铁巴士 21、21A 号 约 58~78 分钟 → 志贺岛

交通费用

- 由博多站往博多埠头 230 日元、由博多埠头往志贺岛 670 日元。
- 由天神往志贺岛 520 日元。

注意事项

- 从博多站前往博多埠头，站前的巴士乘车站为博多口侧的编号 F，下车站牌名称完整为博多ふ頭（ベイサイドプレイス）。
- 从天神往志贺岛，乘车站牌编号 18A 的西铁巴士站，位于天神中央邮电局前。
- 由天神往志贺岛的巴士约 1 小时 1 班车，平日和假日的时刻表不太相同，请至下方西铁网站查询。

博多⇔志贺岛航班时刻表

- 博多→西户崎→志贺岛 福冈市营渡船 博多・志贺岛航路

◎ 周一至周六的时刻表

班次	博多埠头	西户崎	志贺岛
1	7:05		7:25
2	7:20	7:35	7:50
3	8:15	8:30	8:45
4	9:40	9:55	10:10
5	10:15	10:30	10:45
6	11:40	11:55	12:10
7	12:30	12:45	13:00
8	13:10	13:25	13:40
9	13:55	14:10	14:25
10	14:30	14:45	15:00
11	16:20	16:35	16:50
12	18:30	18:45	19:00
13	20:00	20:15	20:30
14	21:15	21:30	21:45
15	23:00	23:15	23:30

◎ 周日、假日的时刻表

班次	博多埠头	西户崎	志贺岛
1	7:00	7:15	7:30
2	8:20	8:35	8:50
3	9:40	9:55	10:10
4	10:40	10:55	11:10
5	11:40	11:55	12:10
6	13:10	13:25	13:40
7	13:50	14:05	14:20
8	14:50	15:05	15:20
9	15:20	15:35	15:50
10	16:10	16:25	16:40
11	17:00	17:15	17:30
12	17:30	17:45	18:00
13	18:50	19:05	19:20
14	20:20	20:35	20:50
15	22:00	22:15	22:30

- 志贺岛→西户崎→博多 福冈市营渡船 博多·志贺岛航路

◎ 周一至周六的时刻表

班次	志贺岛港	西户崎	博多埠头
1	6:25	6:40	6:55
2	6:45	7:00	7:15
3	7:35	7:50	8:05
4	8:00	8:15	8:30
5	9:00	9:15	9:30
6	10:20	10:35	10:50
7	11:00	11:15	11:30
8	12:20	12:35	12:50
9	13:15	13:30	13:45
10	13:50	14:05	14:20
11	15:40	15:55	16:10
12	17:00	17:15	17:30
13	19:00	19:35	19:50
14	20:35	20:50	21:05
15	22:20	22:35	22:50

◎ 周日、假日的时刻表

班次	志贺岛港	西户崎	博多埠头
1	6:20	6:35	6:50
2	7:40	7:55	8:10
3	9:00	9:15	9:30
4	10:00	10:15	10:30
5	11:00	11:15	11:30
6	12:00	12:15	12:30
7	13:05	13:20	13:35
8	14:00	14:15	14:30
9	14:40	14:55	15:10
10	15:30	15:45	16:00
11	16:20	16:35	16:50
12	16:50	17:05	17:20
13	18:10	18:25	18:40
14	19:40	19:55	20:10
15	21:20	21:35	21:50

西铁巴士 www.nishitetsu.jp

博多港（可查询渡船时刻表）port-of-hakata.city.fukuoka.lg.jp/index.php

志贺岛基本信息

餐厅、咖啡店： 10 间以上 **住宿：** 7 间 **商店：** 6 间以上 **岛上交通：** 徒步、巴士、自行车 **公共厕所：** 多处 **自动贩卖机：** 多处

备注：岛上巴士班次不多，如搭乘巴士游逛须注意时间。

自行车可在 Shikashima Cycle 等处租借，可参考网站：cycletourism-fukuoka.com。

Erica 的一日散策

来到志贺岛，如果不顺道逛逛海之中道海滨公园真的很可惜。
以下是搭配海之中道海滨公园的一日志贺岛行程。

9:40

搭乘 9:40 从**博多埠头**出发的**博多—志贺岛航路**，提早一站在**西户崎渡船场**下船（440 日元）。

NOTE：也可搭乘安田汽船海中航路在海之中道渡船场下船。

10:05

从渡船场步行 10 分钟抵达**海之中道海滨公园**。这里一年四季有不同的花朵可赏，还饲养了水豚等可爱动物（450 日元）。园内可租借自行车。

NOTE：9:30~17:30（冬季提早半小时关门）。

12:30

离开公园，在**西戸崎驿前バス站**搭乘往志贺岛方向的巴士，在**志贺岛站**下车（280 日元）。

13:00

先在附近的聚落逛逛找猫吧！去看看**志贺海神社**，中午也可以在这附近的餐厅或食堂解决。

14:00

在港口附近租借自行车，环岛一周约 2 小时左右。11:00~15:00 之间还可以去**休暇村志贺岛**泡温泉。

17:00

自行车归还时间大多定在 5 点。可以改搭巴士去**胜马海岸**看夕阳，或是直接搭船返回**博多**。

玄界岛的港口边
就能看到猫咪的身影。

15

临近博多市区的悠闲离岛

玄界岛

げんかいじま　Genkaijima

从博多市区港口出发，
就能抵达面积不到 2 平方公里的玄界岛。
没什么观光气息的岛上，
能看见渔民与猫咪的互动，
有着暖暖的人情味。

见见玄界岛的可爱猫咪们！

（上）有些猫会试图用猫掌把我手上的猫饲料打下来，于是我也收集了不少这样有趣的照片。

（下）小猫想要跳进大猫在的铁桶里，不过，很快就被大猫赶走了。

猫咪们常在渔港边的黑色货架之间穿梭或躲在货架下。

（上）从门缝探头张望的小小猫。
（下）港口边感情超好的两只白色猫咪。

在港口边站得直挺挺的猫咪，
令人很想玩一下套圈圈。

玄界岛
快速导览

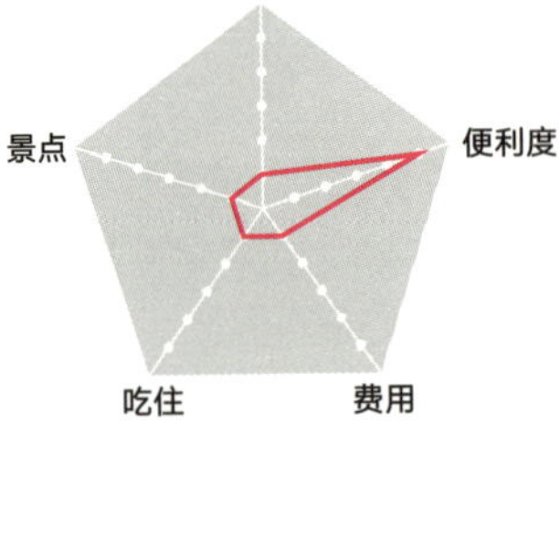

玄界岛从博多埠头搭乘定期船大约35分钟便可抵达，总面积约1.14 平方公里，步行一圈大概只需1小时。由于岛上平地较少，房屋几乎都是沿着斜坡建造。

2005 年福冈县西部海上地震之后，岛上约70％的房屋都因此被震毁，之后在村民以及政府的共同努力之下，于2008 年重建完成，也因此玄界岛的房屋和街道看起来都很新很干净，跟其他离岛的古朴风格较不同。

玄界岛的总人口约700 人，居民以渔业为主，港口边有不少渔船，也因此，在这里可以看到渔民和猫咪间亲密的互动关系。

有一次我登岛时，渔民们正好捕鱼回来，在渔协整理渔获，许多猫咪便聚集在旁边等候开饭。渔民一边整理，一边就将太小只或是卖相不好的鱼丢给猫咪们，景象有趣极了。

玄界岛算不上是知名猫岛，也不是以观光为主的岛屿，因此来到这里的观光客非常少。当他们发现我是特地来这里找猫咪时，还会主动丢鱼给猫吃，好让我捕捉画面，让人感受到小岛上的朴实温暖。

猫咪集中地
玄界岛港、渔协附近。

玄界岛景点

❶ 渔业协同组合

岛上大多数的猫咪都集中在港口旁的渔业协同组合建筑附近，也是定期渡船停靠处旁。从下船开始，便可见到几只慵懒晒着太阳的猫咪，有些则在木箱上爬来爬去，非常可爱。

福冈县福冈市西区玄界岛 2-29

❷ 小鹰神社

丰后国主百合若曾被家臣陷害，滞留在玄界岛长达两年之久。是他心爱的宠物老鹰绿丸找到了他，最后百合若重返故土并报了仇。小鹰神社就是纪念绿丸的神社，拥有能看见码头的绝佳视野。

福冈县福冈市西区玄界岛 691 番

玄界岛旅游情报

如何前往玄界岛

玄界岛是距离福冈市区最近的猫岛，只要在博多站搭乘巴士前往博多埠头，再转搭渡轮即能抵达。

从博多出发

博多站 → 西铁巴士 46、99 号 约 **20** 分钟 → 博多埠头 → 玄界岛航路 约 **35** 分钟 → 玄界岛

交通费用

由博多站往博多埠头 230 日元、由博多埠头往玄界岛的船资 860 日元。

注意事项

博多港有两个码头，一个是停靠大型游轮的国际码头，一个是前往国内离岛的博多埠头。若要到玄界岛必须前往博多埠头的湾岸广场第 1 旅客大楼（ベイサイドプレイス博多 第 1 ターミナル）。

博多埠⇔玄界岛航班时刻表

- 博多→玄界岛

福冈市营渡船 玄界岛・博多航路

博多埠头	玄界岛港	备注
7:10	7:45	
8:50	9:25	
11:20	11:55	
13:30	14:05	
16:45	17:20	
18:30	19:05	
20:35	21:35	3 月 ~11 月运行
21:00	21:10	12 月 ~2 月运行

- 玄界岛→博多

福冈市营渡船 玄界岛・博多航路

玄界岛港	博多埠头
6:20	6:55
8:00	8:35
9:40	10:15
12:10	12:45
14:30	15:05
17:35	18:10
19:45	20:20

博多港 port-of-hakata.city.fukuoka.lg.jp

玄界岛基本信息

玄界岛没什么观光气息，唯一一间商店中午有 1 小时午休，周日休息。建议自备食物和饮水。

餐厅、咖啡店： 1 间（预约制） **住宿：** 0 间 **商店：** 1 间 **岛上交通：** 徒步

公共厕所： 1 处 **自动贩卖机：** 3 处以上

玄界岛观光信息 www.genkaijima.com

Erica 的一日散策

在博多码头附近观光之后，前往玄界岛小逛两小时的悠闲行程。

8:00

福冈市区有不少特色咖啡店，若饭店没有附早餐的话，早上可以找间喜欢的店用早餐。

9:40

从博多站出发，在**博多站前的 F 站牌**搭乘往博多ふ頭方向的 **99 好西铁巴士**，在**重点站博多ふ頭**（ベイサイドプレイス）下车（230 日元）。

10:00

乘船处所在地**湾岸广场**是个复合式商场，有商店街、传统市场还有水族馆等。可以在这边逛逛，也先买好中午的便当。

NOTE：www.baysideplace.jp

11:20

在**博多埠头**搭乘往玄界岛的福冈市营渡船，在**玄界岛港**下船（860 日元）。

11:55

抵达玄界岛。可以先在码头附近看看猫，再步行到**小鹰神社**看看风景。步行绕岛一周约 1 小时，可以欣赏海岸风景和灯塔。

14:30

搭乘 14:30 的渡船回到**博多港**（860 日元）。

15:05

转搭**西铁巴士 80、90 号**，转往好逛又好买的**天神**地区。

15:30

抵达**天神**。这里聚集了多间百货和商店街、地下街，可以悠闲地逛街购物或是购买电器、药妆。

1800

前往天神 Parco 百货，享用超级美味的**极味汉堡排**。

在木村港边站成完美队形的奶牛猫三人组。

16

与亲切的岛猫相遇

蓝岛

あいのしま　Ainoshima

早在这座优哉的小岛成名以前，
猫咪们就已坐在海港，
与钓客一起等待鱼儿上钩。
纵贯小岛的路依旧恬静，
猫咪们通常也都乐意，
陪偶然造访的旅人走上一段。

见见蓝岛的可爱猫咪们！

摄于五社宫前。

（上）长得超像亲子的白底虎斑猫。
（下）我常用特殊的花色来辨识猫咪，比如照片上方的这只猫，就被我取名『八字眉』，之后再回到岛上看到它，就会有种看到老朋友般的亲切。

蓝岛隧道的两端
也是猫咪时常出没的地点。

（上）这也是只长相超级好认的猫咪。
（下）路边时时有猫出没。

蓝岛
快速导览

蓝岛和相岛同样都位于九州，但相岛的知名度比蓝岛更高一些。有一次在蓝岛上，两位韩国旅客向我问路，问的却是一家在相岛的餐厅。原来蓝岛和相岛的日语读音一样都是“AI NO SHIMA”，她们是走错了路，才误打误撞来到蓝岛，幸好这里的猫咪也很多，也不算白跑一趟。

蓝岛位置靠近九州北端与本州南端，行政区属于福冈县北九州市。往蓝岛的船班由小仓出发，约35分钟抵达，途中会经过另一座猫岛“马岛”，因此，若做好时间规划，可以在一天内顺路造访这两座猫岛。蓝岛在以猫岛闻名前，已经是颇受喜爱的钓点，有时海港边可以看到猫咪与钓客同坐的有趣景象，岛屿南端有沙滩可供戏水、露营，只是需自备用水。北端则有知名的海岸地景“千叠敷”，平整的砂岩形成巨大的岩盘，退潮时可由此步行到贝岛。由南端的港口步行前往，不绕路的话只需半小时。

岛上猫咪据说有300只，约与居民人数相当，大多聚集在本村港附近的聚落，出了港口、走过五社宫后就会看见越来越多的猫咪。猫咪们常常成群坐在路边休憩，见到游客也会主动靠近，甚至跟着走一段路。

需特别注意的是，因会打扰到当地居民的日常作息，并导致猫咪聚集，蓝岛上不允许随处喂猫。在岛上可以看到中英文海报“Please feed the cat only here”，写出可以喂猫的指定地点，抵达港口时请先确认一下最新的相关信息。

猫咪集中地

木村港及周边街道、蓝岛隧道两端、大泊港周边。

猫岛 NOTE

蓝岛原则上禁止喂猫，但在指定地点会贴有允许喂食的粉红色海报，在这里喂猫是没问题的。因有些能喂猫的地方是别人家的门口，记得要把垃圾和多余的猫粮带走喔。

蓝岛旅游情报

如何前往蓝岛

如果想在一日内造访蓝岛、马岛两座猫岛，得搭乘上午第一班从小仓渡场发船的航班。建议可以提前一天抵达小仓，逛逛小仓城、旦过市场等景点，在小仓住一晚后一早再去搭船，时间上比较充裕。

从小仓出发

小仓站 → 步行 约 **20** 分钟 → 小仓渡场 → 小仓航路 约 **35** 分钟 → 木村港

交通费用

由博多站往小仓站快速车 1290 日元、新干线 2110 日元，由小仓往蓝岛 400 日元。

小仓⇔蓝岛的航班时刻表

- 小仓→马岛→蓝岛

北九州市渡船小仓航路

小仓	马岛		蓝岛（木村港）	备注（班次有运行的时间）
	抵达	发船		
8:30	8:50	8:52	9:05	7/20~8/10 的周六、周日等例假日
9:00	9:20	9:22	9:35	8/11~7/19 的周日等例假日
10:30	10:50	10:52	11:05	周一至周六 7/20~8/10 每天
14:00	14:20	14:22	14:35	周六（7/20~8/10 停驶）
14:30	14:50	14:52	15:05	周一至周五
15:30	15:50	15:52	16:05	周日（7/20~8/10 周六、周日）等例假日
17:30	17:50	17:52	18:05	

- 蓝岛→马岛→小仓

北九州市渡船小仓航路

蓝岛（木村港）	马岛		小仓	备注
	抵达	发船		
7:00	7:10	7:13	7:45	
9:30	9:40	9:43	10:05	7/20~8/10 周六、周日、例假日
13:00	13:10	13:13	13:35	8/11~7/19 的周六
13:30	13:40	13:43	14:05	周一至周五
14:30	14:40	14:43	15:05	周日及例假日 7/20~8/10 周六、周日及例假日
15:30	15:40	15:43	16:05	周一至周五
16:30	16:40	16:43	17:05	周六、周日及例假日

◎ 日本新年（1/1~1/4）航班时间另有不同，请查询下方北九州渡船事业所网站

北九州渡船事业所 https://www.city.kitakyushu.lg.jp/san-kei/file_0043.html

蓝岛基本信息

蓝岛上仅有 1 间民宿，除此之外，只有蓝岛渔协购买店和森本商店 2 间商店贩售零食及泡面，森本商店的老奶奶还会为客人煮泡面呢！不过木村港旁的沙滩颇适合野餐，建议携带食物前往。

餐厅、咖啡店：无　**住宿：**1 间　**商店：**2 间　**岛上交通：**徒步　**公共厕所：**1 处　**自动贩卖机：**多处

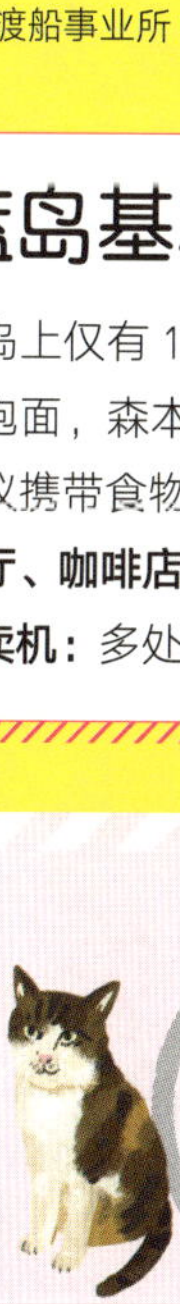

Erica 的一日散策

若想单独前往蓝岛、不去马岛的话，可以选择夜宿小仓站，搭早上 10:30 的船，在蓝岛逗留过午后搭乘 14:30 的船班回到小仓。傍晚可以转往门司港一带，除了 2019 年 3 月刚整修完毕、重新开放的门司港站充满怀旧色彩，港口附近也有许多漂亮的老建筑。晚餐可以品尝门司港有名的烧咖喱饭。

我自认为还蛮会认猫的，但是马岛上的猫咪每一只都长得超级像！

17

中途下船，独享私房猫岛

马岛

うましま Umashima

从默默无闻的小岛下船，
带给人小小的神秘与刺激感。
安静的村落里，
却住着意想不到的大量猫咪，
带给孤独旅人满满的惊喜与抚慰。

见见马岛的可爱猫咪们！

（上）马岛唯一的邮筒位于港口边。
（下）舔毛舔到一半的猫咪。

离开马岛的港口之后，就只有一条通往聚落的路，沿途躺满了猫咪。

排出完美队形的马岛猫咪。

马岛
快速导览

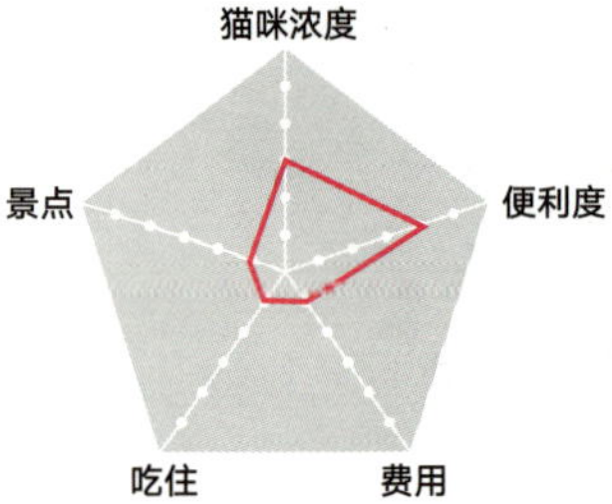

乡下的居民大多比较热情，难得见到外地来的旅客，就会想要找你攀谈，哪怕语言不通，还是热切地想要和你交流。马岛也是这样一个气氛静谧、居民热情的小岛。

马岛的位置与蓝岛相近，渡船的航路也是同一条。身为猫岛的一员，马岛的知名度远不及其他猫岛，但在这人口低于 40 人的小聚落里，却住着近 80 只猫。岛上几乎没有任何景点，也没有观光客。因此，在这里可以尽情地与猫咪玩耍、猫咪拍照，不需要顾忌是否占据了其他人与猫咪互动的时间。同时这里的猫咪个性温和、也不太怕生，很轻易就能拍出很不错的猫咪照片。

自从第一次来到马岛之后，这里就成为我最喜欢的猫岛之一，后来也常常造访。每当渡船到了马岛港，通常就只有我一个人跟另一位先生下船。这位先生的行踪很神秘：通常我在港边玩猫时，他就一直待在候船室里休息。后来我才终于发现这位先生的真实身份，原来他是岛上的邮差！马岛上没几户人家、只有一个邮筒，因此，邮差先生送完信、检查完邮筒之后，就在候船室打发时间，等待 2 小时之后的下一班船才能回去。这么说来，离岛邮差的一天，可能收送完两个岛的信就过了呢。

走出马岛港，就是岛上唯一的聚落。这里有一户人家固定会喂猫，因此门前总是聚集着四五十只猫咪，几乎每一只都胖嘟嘟的，趴在地上懒洋洋地享受日光浴。

马岛没有商店、餐厅、旅馆或民宿，出发前最好在小仓先准备饮水、干粮。

猫咪集中地

出了港口后往前走，右前方一户民家门口。

马岛旅游情报

如何前往马岛

前往马岛的方式和蓝岛完全相同，如果计划在一日内造访蓝岛、马岛两座猫岛，建议上午先去蓝岛，下午搭回程的船到马岛短暂停留，再回小仓。

从小仓出发

小仓站 —步行 约 20 分钟→ 小仓渡场 —小仓航路 约 20 分钟→ 马岛港

交通费用

由小仓往马岛 280 日元。

小仓往马岛的时刻表

航班与蓝岛相同，时刻表请参考 P232。

北九州渡船事业所

https://www.city.kitakyushu.lg.jp/san-kei/file_0043.html

马岛基本信息

马岛基本上只有 1 台自动贩卖机跟 1 处公共厕所，其他什么都没有，食物、饮水等都需自备。

餐厅、咖啡店：无

住宿：无

商店：无

岛上交通：徒步

公共厕所：1 处

自动贩卖机：1 台

村落尽头的小神社

大山祇神社

沿着往聚落的北方微微上坡，会抵达岛上唯一的神社大山祇神社，比较有趣的是，神社拜殿的左边立的不是一般常见的狛犬，而是一枚生锈的炮弹。

Erica 的一日散策

以小仓为主要起讫点，在一天内逛满蓝岛、马岛两处猫岛的行程安排建议。

10:30

步行前往**小仓渡场**，搭乘 10:30 的第一班船，在**蓝岛（本浦港）**下船（400 日元）。

NOTE：8 月 11 日至 7 月 19 日的周日及节假日需改搭 9:00 的班次。另外 7/20~8/10 期间的周末例假日，早上还有加开一班 8:30 的班次。

11:05

抵达**蓝岛**。下船后就四处找找猫咪的踪迹吧！最新的喂食规定请参考港口附近的公告。

12:00

岛上不大，可以步行往北边看看知名的海岸地形**千叠敷**。中午就以自己带来的便当解决吧！

13:30

搭乘回程的倒数第二班船，在 10 分钟后于**马岛港**下船（120 日元）。

NOTE：8/11~7/19 的周日、假日，7/20~8/10 的周六、周日、例假日，需改搭 14:30 的班次。

13:40

抵达**马岛**。在岛上逗留近 2 小时，可以四处走走跟猫玩。

15:40

由**马岛港**乘船回到小仓。接下来的时间可以在**小仓**、**门司**逛逛，或转往**博多**继续下一个行程（280 日元）。

NOTE：8/11~7/19 的周日、例假日，7/20~8/10 的周六、周日、例假日，需改搭 16:30 的班次。

马岛

汤岛地势略有起伏，
走到聚落较高的地方，
就能见到像这样的画面。

18

气氛友善、猫比人多的观光猫岛

汤岛

ゆしま　Yushima

与猫咪和谐共处超过 60 年，
汤岛的居民全是爱猫人。
而最能带给人疗愈感的，
或许不是九州的温暖天候，
也不只是晒足阳光的猫咪，
而是岛民与猫之间的温柔互动。

见见汤岛的可爱猫咪们！

（上）日本小朋友带了逗猫棒来岛上，小猫玩得不亦乐乎。
（下）汤岛有名的猫シマ。シマ很喜欢岛上的渔夫今福先生，不少人都拍过它大吃今福先生送它的鱼的画面。

熊本熊与猫。
一看就知道
汤岛是在熊本附近的猫岛。

天气冷了，岛上的人在候船室门口留了一条缝，于是所有的猫都挤进来吹暖气，还不忘一边看海。

汤岛
快速导览

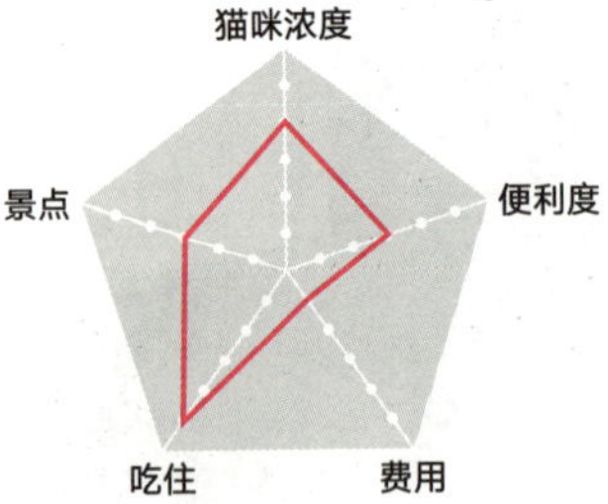

汤岛位于九州熊本县与长崎县间的海湾，是天草诸岛之一，行政区隶属熊本县天草市。从熊本出发单趟约需2小时，交通较不便。

汤岛和许多猫岛一样，渔业十分发达，渔师与猫咪间的关系紧密。在二次大战前就已经有非常多的猫咪，居民早已习惯生活中有猫，猫咪们也习惯与人相处；彼此关系良好，猫咪们都非常亲人。在汤岛市区能看到居民们留给猫咪的食物，甚至帮猫咪盖的小猫屋，在找猫、拍猫时，也常能见到当地人和猫咪之间的温馨互动。

由于岛民们对猫十分友善，猫口在岛上蓬勃发展，据说已经超过了居民人数。而从2012年开始，汤岛就以“猫比人多”做宣传口号，致力于推广猫咪观光。港口附近就设立了一座猫神像，旁边立着汤岛地图，标示出观光景点以及猫咪聚集地。岛上的猫咪聚集地，还特别设有指标，告诉观光客们猫咪出没的地点。

一走出汤岛港，就能看到猫咪或坐或卧，待在各个角落，十分安适。往聚落的方向，道路有不少起伏，不时也能看到猫咪出没。因道路狭窄又多坡道，这里不少居民是以日本少见的机车代步。

而除了与猫咪玩耍、拍照，汤岛也是江户初年岛原之乱的策划地，还有200年历史的诹访神社等人文景点也可以顺路逛逛。

猫咪集中地

汤岛猫神像附近、港口附近、其他有猫咪出没标示的地方。

汤岛景点

❶ 猫神像

汤岛居民祈愿观光发展而设立的神像，貌似猫版的地藏菩萨，相当可爱，也是猫岛的地标之一。猫神像位于汤岛港旁，一下船就能见到，一旁的汤岛地图则提供景点位置和猫咪聚集地的重要情报。

熊本县上天草市大矢野町汤岛 618 汤岛联络船待合所旁

汤岛食事处

海女ちゃん食堂 乙姫屋

供应每日更换菜单的定食，内容包括酱油煮鱼、生鱼片等，还有什锦烧、烤海螺、烤鲍鱼、海胆丼（需预约）等。

熊本县上天草市大矢野町汤岛 610 / 11:30~20:00 / 周二休

南风泊

隐藏版名店。供应以每日新鲜渔获制作的定食（1200 日元），分量相当大。店内只有 10 席，需电话预约。

熊本县上天草市大矢野町汤岛 572 / 10:00~14:00 / 不定休 / 090-6631-8799（需电话预约，最迟用餐前一日预约）

恍神咖啡 ぼんやりカフェ

可爱的小木屋咖啡店。供应炸白肉鱼定食、白肉鱼汉堡排、鹿尾菜炒饭等。

熊本县上天草市大矢野町汤岛 30-1 / 9:00~17:00 / 仅周末营业 / bonyaricafe.business.site/

汤岛旅游情报

如何前往汤岛

往汤岛的渡船由上天草市的江樋户港出发，由熊本前往江樋户港则有两种路线，一是搭乘JR到三角站，再转搭九州产交巴士到Sunpearl站（さんぱーる）后步行抵达江樋户港。另一种则是在熊本站直接搭乘天草号快速巴士（快速バスあまくさ号）直达Sunpearl站。第一种方式看似比较迂回，但有机会搭到知名的观光列车“A列车”，请详见以下说明。

从熊本出发

熊本站 →（JR三角线 约54分钟）→ 三角站 →（步行 约1分钟）→ 三角产交站 →（九州产交巴士 约28分钟）→ Sunpearl站 →（步行 约10分钟）→ 江樋户港 →（汤岛商船 约30分钟）→ 汤岛

熊本站 →（快速巴士天草号 约77分钟）→ Sunpearl站 →（步行 约10分钟）→ 江樋户港 →（汤岛商船 约30分钟）→ 汤岛

汤岛的猫咪小屋

在距离港口较近的3个猫咪聚集地，都能看到当地人特别为猫咪而盖的猫咪小屋。木造房子漆上了明亮愉快的颜色，猫儿们则安适地待在附近，可以感受到汤岛人爱猫的心。

交通费用

搭乘JR由熊本站往三角站的车资740日元（若搭乘观光列车A列车单程1880日元），由三角产交站往Sunpearl站的车资430日元，由江樋户港至汤岛的船资600日元。

搭乘高速巴士由熊本往Sunpearl站的车资1320日元，由江樋户港至汤岛的船资600日元。

三角产交⇔Sunpearl 巴士时刻表

- 三角产交→さんぱーる

产交巴士　さんぱーる行き

三角产交	さんぱーる	备注
7:25	7:53	周一至周五
7:35	8:03	周六、周日
9:05	9:33	
11:20	11:48	
12:38	12:59	周一至周五
13:35	14:03	
14:08	14:29	周一至周五
16:00	16:28	周六、周日
16:08	16:29	周一至周五

- さんぱーる→三角产交

产交巴士　三角行き

Sunpearl	三角产交
8:20	8:48
9:35	10:05
10:35	11:03
10:45	11:03
12:45	13:13
15:00	15:28
17:15	17:43

◎本表为 2019 年 4 月起的时刻表，实际时间请参考下方九州产交巴士网站。

◎仅列出可能与船班接驳的巴士班次。

◎运行于三角产交和 Sunpearl 之间的巴士路线不少，实际路线请在现场依抵达站确认。

JR 九州 www.jrkyushu.co.jp/chinese/

九州产交巴士（九州产交バス）

www.kyusanko.co.jp/sankobus/chinese_tw/

九州产交巴士时刻表查询

t ransfer.navitime.biz/sankobus/pc/map/Top

汤岛商船时刻表

https://www.city.kamiamakusa.kumamoto.jp/q/aview/493/9971.html

熊本⇔sunpearl 快速巴士时刻表

在熊本站和 sunpearl（さんぱーる）之间，一天约有 15 班巴士往返，当中有 5 班为停靠站较少的超快速巴士。由 sunpearl（さんぱーる）回程的巴士也是一天 15 班。

- 熊本→ sunpearl 快速・超快速天草号巴士

熊本驿前	さんぱーる	备注
6:38	7:55	
8:38	9:47	超快速
11:38	12:55	
12:38	13:47	超快速
15:38	16:45	

- sunpearl →熊本　快速・超快速天草号巴士

さんぱーる	熊本驿前	备注
8:53	10:05	超快速
10:01	11:23	
13:01	14:23	
15:01	16:23	
16:53	18:05	超快速

◎本表 2018 年 12 月的时刻表，实际时间请参考下方九州产交巴士网站。

◎仅列出可能与船班接驳的巴士班次。

江樋户港⇔汤岛航班时刻表

- 江樋户港→汤岛　汤岛商船

江樋户港	汤岛港
8:15	8:45
10:00	10:30
13:15	13:45
15:00	15:30
17:30	18:00

- 汤岛→江樋户港 汤岛商船

汤岛港	江樋户港
7:30	8:00

JR 熊本站往三角站的观光列车：坐 A 列车去吧

JR 九州列车推出的特快列车，以知名爵士乐曲《坐 A 列车去吧》（*Take the A-train*）命名。车厢设计主题“16 世纪传至天草地区的南蛮文化”，内装十分豪华，大量使用木材、彩绘玻璃，表现浪漫气息。车厢设有沙发座位及半开放式包厢，公共休憩区则有吧台“A-TRAIN BAR”，车上会贩售纪念小物，并免费赠送乘客精美的纪念乘车券。行驶路线熊本至本渡港，由熊本出发约 37 分钟抵达三角站。注意，A 列车仅限假日与特定日期行驶，务必事先上网查询。

JR 九州列车官方网页

https://www.jrkyushu.co.jp/chinese/train/atrain.html

汤岛基本情报

汤岛的观光设施相对发达，有一些餐厅和民宿等。

餐厅、咖啡店： 4 间左右　**住宿：** 4 间左右　**商店：** 2 间以上　**岛上交通：** 徒步

公共厕所： 2 处　**自动贩卖机：** 多处

Erica 的一日散策

若不是为了坐观光列车，可以搭乘天草号巴士前往汤岛，路上也一并欣赏天草风光。

8:38

从**熊本站东口前的 2 号乘车处**，搭乘 8:38 发车的**超快速巴士天草号**，于 **sunpearl 站**下车（1320 日元）。

9:47

抵达 **sunpearl 站**。步行约 10 分钟抵达**江樋户港**。

10:00

搭乘 10:00 发船的**汤岛商船**，在**汤岛港**下船（600 日元）。在港口附近就有不少亲人的猫咪正等待着游客。

10:10

见见**猫神像**，确认猫咪出没地图和相关信息后，在**汤岛**上轻松逛逛。若是周末前来，也能看见不少跟着爸妈来玩猫的小朋友。

10:30

先往聚落内前进，稍微上坡后抵达了**诹访神社**，这里景色不错，也适合拍照。

11:20

转往海边走走。汤岛渔港附近也有猫咪聚集。

搭乘 12:00 的汤岛商船回到**江樋户港**（600 日元）。

12:00

NOTE：若想在岛上待久一点，也可以搭乘晚一班船回来，发船时间 14:00。

12:30

抵达江樋户港。如果不急着回熊本的话，这里的道路休息站**道の駅 上天草さんぱーる**售有各种地方特产，也有附设食堂，可在此用餐。

填饱肚子后可以在这一带的**天草四郎公园**、**天草四郎纪念馆**逛逛，认识一下天草的历史。天草观光协会也在附近。

13:30

15:01

步行前往 **sunpearl 站**，搭乘**天草号快速巴士**回到熊本市（1320 日元）。

抵达**熊本站**。可以转搭熊本市电，往**下通商店街**逛逛，或继续其他观光行程。

16:23

18:00

不论前往熊本的何处观光，晚上都建议尝尝看这边的特色料理太平燕！这是道据说由福建传来的汤冬粉料理，非常好吃，而且熊本外不太容易吃得到喔。

前往猫岛

书中的猫岛一共分为三大区域。
以日本主要 4 座机场作为入口，搭配邻近的主要都市，
展开你的猫岛之旅。

邻近各猫岛的机场

以福冈为入口

入口机场： 福冈机场

邻近猫岛： 玄界岛、相岛、蓝岛、马岛、汤岛

可前往的猫岛： 真锅岛（冈山县）、丰岛（香川县）、男木岛（香川县）、佐柳岛（香川县）、似岛（广岛线）、青岛（爱媛县）、睦月岛（爱媛县）

以名古屋为入口

入口机场： 中部国际机场

邻近猫岛： 佐久岛（爱知县）

可前往的猫岛： 冲岛（滋贺县）

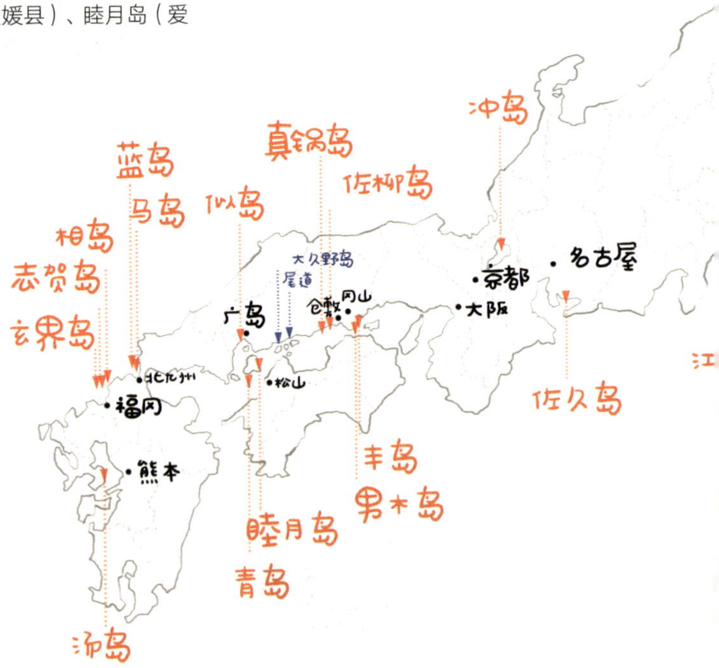

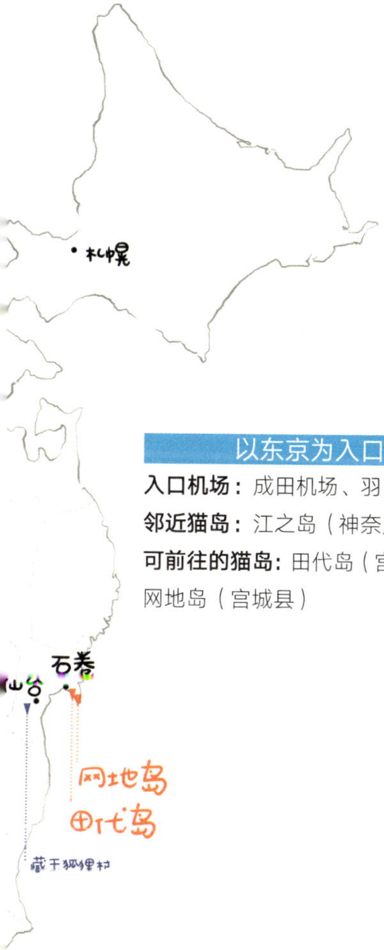

以东京为入口

入口机场：成田机场、羽田机场

邻近猫岛：江之岛（神奈川县）

可前往的猫岛：田代岛（宫城县）、网地岛（宫城县）

以京都、大阪为入口

入口机场：关西机场

邻近猫岛：冲岛（滋贺县）

可前往的猫岛：真锅岛（冈山县）、丰岛（香川县）、男木岛（香川县）、佐柳岛（香川县）、似岛（广岛线）、青岛（爱媛县）、睦月岛（爱媛县）

可前往各猫岛的主要都市

除了地理位置，这里也考虑前往各岛的船班路线。前往这些猫岛时，适合与后方的大城市做行程上的搭配。

01 江之岛	东京
02 田代岛	仙台
03 网地岛	
04 冲岛	京都
05 佐久岛	名古屋
06 真锅岛	冈山
07 丰岛	
08 男木岛	高松
09 佐柳岛	
10 似岛	广岛
11 青岛	松山
12 睦月岛	
13 相岛	福冈
14 志贺岛	
15 玄界岛	
16 蓝岛	小仓
17 马岛	
18 汤岛	熊本

可搭配使用的铁路周游券

JR 推出的各种铁路周游券，让跨区域、挑战多岛的旅行方式成为可能。以下以入口机场区分，列出能使用的铁路周游券和搭配前往的猫岛。

以东京为入口

使用票券 \ 前往猫岛	江之岛	田代岛、网地岛
JR 东日本铁路周游券（东北地区）14 天内选 5 天 19,000 日元（日本以外） 20,000 日元（日本本土）	● *1	●

以名古屋为入口

使用票券 \ 前往猫岛	佐久岛	冲岛
近铁周游券 Plus 五天 4,800 日元（日本以外） 5,000 日元（日本本土）	● *2	● *3
近铁周游券 五天 3,600 日元（日本以外） 3,800 日元（日本本土）	● *2	● *3

以京都、大阪为入口

使用票券 \ 前往猫岛	佐久岛
近铁周游券 Plus 五天 4,800 日元（日本以外） 5,000 日元（日本本土）	● *2
近铁周游券 五天 3,600 日元（日本以外） 3,800 日元（日本本土）	● *2
JR 西日本 关西广域 铁路周游券 五天 9,000 日元（日本以外） 10,000 日元（日本本土）	
JR 西日本 关西 & 广岛地区 铁路周游券 五天 13,500 日元（日本以外） 14,500 日元（日本本土）	
JR 西日本 山阳 & 山阴地区 铁路周游券 七天 19,000 日元（日本以外） 20,000 日元（日本本土）	
JR 西日本 濑户内地区 铁路周游券 五天 17,000 日元（日本以外） 18,000 日元（日本本土）	

冲岛	丰岛	真锅岛	似岛	男木岛	佐柳岛	青岛	睦月岛	玄界岛、相岛、蓝岛、马岛、志贺岛
● *4								
● *4								
●	●			●				
●	●	●	●	●				
●	●	●	●	●				●
	●	●	●	●	●	●	●	●

以福冈为入口

使用票券 \ 前往猫岛	玄界岛、相岛、蓝岛、马岛	汤岛	青岛	睦月岛	男木岛	佐柳岛
JR 九州 北九州三日券 8,500 日元	●	●				
JR 九州 北九州五日券 10,000 日元	●	●				
JR 九州 福冈广域版二日券 3,000 日元	●					
JR 西日本 广岛 & 山口地区 铁路周游券 五天 11,000 日元（日本以外） 12,000 日元（日本本土）	●					
JR 西日本 山阳 & 山阴地区 铁路周游券 七天 19,000 日元（日本以外） 20,000 日元（日本本土）	●				●	
JR 西日本 濑户内地区 铁路周游券 五天 17,000 日元（日本以外） 18,000 日元（日本本土）	●		●	●	●	●

	似岛	真锅岛	丰岛	冲岛
	●			
	●	●	●	●
	●	●	●	

*1 只能搭 JR 到镰仓或藤泽，需另外购买车票才能前往江之岛。

*2 使用近铁周游券从名古屋前往京都只能搭乘普通列车，搭乘特急需加购特急车票。另外抵达京都之后还需购买 JR 车票前往近江八幡车站才能前往冲岛。

*3 使用近铁周游券可搭乘普通列车前往关西大阪、京都、奈良地区，但在名古屋市区需另外购买名铁车票前往西尾车站才能前往佐久岛。

*4 使用近铁周游券从名古屋前往京都只能搭乘普通列车，搭乘特急需加购特急车票。另外抵达京都之后还需购买 JR 车票前往近江八幡车站才能前往冲岛。

六天五夜行程建议

如果你想要规划一趟专属猫岛的行程，不妨参考以下行程，
利用各种 JR 周游券，走跳横跨日本不同地区的猫岛吧！

行程 1

濑户内 + 福冈猫岛之旅

使用票券： 西游纪行 濑户内地区铁路周游券（西日本 JR + 四国 JR 五日券）

建议机场： 冈山或关西机场进、福冈机场出

这张票券是少数可以搭船横跨中国与四国的票券，拿来造访猫岛特别方便。

Day 1 抵达冈山或关西机场 **住冈山**

Day 2 真锅岛 + 仓敷 **住高松**

Day 3 佐柳岛 + 栗林公园 **住松山**

Day 4 青岛一日 or 睦月岛 + 道后温泉 **住广岛**（抵达广岛时间为晚间 11 点之后）

Day 5 大久野岛 + 尾道 or 似岛 + 广岛市区经典行程 **住福冈**

Day 6 相岛 + 博多站一带

行程 2

京都 + 濑户内猫岛之旅

使用票券： 关西广域周游券（西日本 JR 五日券）

建议机场： 关西机场进、冈山机场出

这张可以畅游京都和濑户内的票券只要不到 1 万日元，是我觉得最超值的票券了。

Day 1 抵达关西机场 **住京都**

Day 2 冲岛 + 近江八幡 **住京都**

Day 3 哲学之道、梅宫大社 + 京都经典行程 **住冈山**

Day 4 丰岛一日 or 真锅岛 + 仓敷 **住冈山**

Day 5 男木岛 + 女木岛或冈山市区行程 **住冈山**

Day 6 小玉冈山路面电车 or 冈山城